真希望你也喜歡自己

房琪 著

推薦序

真正成為自己

作家、企業家　楊天真

　　房琪是我最欣賞的那種女孩，聰明、努力還好看。擁有以上三個優點中的一個，大概率就能過著不錯的人生，而她竟然都有。對於這樣的女孩，我的感受就是：要多接近她。所以自從認識她，我就時不時找她連個麥，一起拍個影片，或者找個機會聊天。我相信人存在能量場，我喜歡積極向上的能量場，不管是比我年輕還是年長的朋友，不管是男性還是女性，當我感受到一種積極的、富有魅力的生命力，我就會忍不住想和他們處於同一頻道，這也是我很重要的能量來源。

　　作為短影片創作者，她的內容常常被我當成範例在公司宣揚，我也經常拿著她的短影片給我們公司的各位藝人看：「看，也有畫面精美、文字優雅、意境高潔的短影片，並不是所有的短影片都是搞笑的。」有時候我觀察她，看著她擲地有聲地反擊那些人間荒

謬，看著她真實地表述自己的人生故事，我覺得這個工作好難，幾乎是要將自己的全部生活當作素材，全力輸出。有時候她也會和我抱怨連續幾個月飛行不著家，事業也有一些困境不知道怎麼突破，但一切的經歷和思考，積極的人總是能總結出點兒什麼，成為自己人生下一個階段的指導方向。

對房琪來說，可能就是這本《真希望你也喜歡自己》。成為自己是一個很難的過程，她需要從起點開始思考，需要不斷地與世界碰撞，需要及時總結校準自己的目標，需要在一次次的人生跌宕起伏中，不斷地驗證自己是誰，什麼是自己真正在意的，從而形成自己的價值排序、人生目標，從而形成自己的行為準則，從而真正成為自己。這本書，講的就是房琪怎樣從人生的一個個選擇中，成為自己。

它適合每一個在成長中的女孩，或許你的迷茫，她已經給了你答案。

推薦序
事情本來該是的樣子

作家 大冰

　　標籤方便檢索，卻未必立體全息。很多時候，顯性標籤所帶來的刻板印象，是阻礙我們深入了解一個人的最大阻礙，尤其是在這樣一個日益荒謬的時代。

　　在我看來，如若僅被頂流旅行達人、現象級網紅博主等標籤障目，我們再喜歡和關注房琪，也只是冷冰冰地將其認知為一個時勢外因塑造的現象，只得其表相，不知其內核，乃至無緣明白她是如何自我成就為一個「90 後」傳奇、其示現的生命力可能性和多樣性在這個當下有多麼彌足珍貴。

　　在許多年輕人無奈「躺平」的當下，總要有人努力站著、飄揚著，哪怕所盡力傳遞和對稱的審美再杯水車薪，也是在用事情本來該是的樣子。

　　有這樣的年輕人在，暮氣和朝氣的博弈結局，未必就是人間不值得了。

　　沒有人是無緣無故成就的，房琪的成就一定不是

在她當下被人看見的標籤上，相對於未來的果子，這些應該只是葉子。關於她內秀的緣由，其所塑造的人生底層邏輯是怎樣的，所恪守的價值體系是如何的，這本書裡有很好的記敘解答。

都是事情本來就該是的那個樣子。

房琪的這本書與其說是講成長，不如說是講生長。一個最普通人家的尋常女兒，如何抽枝展葉，在尋常的土壤、尋常的季節，在上升通道並不那麼寬敞的空間裡，盡力攀緣向陽，生長出屬於自己的不那麼尋常的小花。

我只是覺得，若你真認為自己正躺在白日不到處，已經決定放棄發芽，那這本「生長路書」，應該翻閱一下。

推薦序
來日方長，不必著急

主持人　魯豫

　　我常常會被問到，採訪過那麼多人，誰最令我難忘。我總會提到李安導演。他說：「在家中我也需要每天努力，才能贏得太太和孩子的尊敬與愛。」在他的字典裡，沒有理所應當，即便血緣中的紐帶，相濡以沫的情分，仍然要去培養呵護。這樣的謙卑和誠惶誠恐，源於教養、善良和智慧。

　　有一次，我也被房琪打動了。某天，她在微信朋友圈裡感歎，活動中碰到了很多熱情的觀眾，她驚訝於竟然有那麼多人喜歡自己，覺得興奮又不可思議，於是忐忑地說出，「我不配。」這是我聽到過的最孩子氣又最真誠的表述。真的，沒有誰，配得上那麼多素昧平生的人的厚愛。這種感覺，就是初心。

　　房琪叫我小姊姊，我喜歡這個稱呼，因為她忽略了很多最不易被忽略卻又最不重要的東西，比如年齡、背景、履歷、職稱⋯⋯她剛剛起步，但速度驚人，

最難能可貴的是這一路她吃苦忍耐，卻姿態好看。最觸動我的畫面，就是房琪站在碩大的瀑布前，水聲風聲環繞著她，她伸展手臂，微閉雙眼，沉浸其中。房小琪，這就是生活該有的樣子，周遭或美或亂，在屬於你的時刻，全情投入，尊重規則，不被裹挾。永遠不要抱怨苦累忙碌，永遠不要恐懼、誤解、非議。來日方長，不必著急。

推薦序
清風吹過重重山崗

演員、歌手　張含韻

　　大家還記得因為小琪那句「他強任他強，清風拂山崗」讓我哭抽抽的樣子吧。後來我們成為偶爾分享旅行、美食、閱讀的朋友，那之後我也才慢慢了解到療癒聲音背後的房琪。

　　起初真的好奇，第一次見面就把我說哭的她到底有什麼魔力？我當然明白自己哭的不是面對挫折時被安慰後生出的委屈，直到看到這本書，我確信，哭是因為感受到一顆同樣經歷磨難又異常堅強的心，被狠狠地共情了。這本書不是雞湯文學，再美好的文案終會被摔打進生活裡試煉。就像她說的，人生中，比起互相攙扶著成長，單槍匹馬的闖蕩才是常態。而這是經歷過生活毒打後總結的闖關筆記。就像旅行做不做攻略，都能到達目的地，但想要選擇什麼樣的方式，體驗什麼樣的過程，還得自己去探尋和下決定。

　　女孩子之間的共頻，真的能從彼此中獲取力量！

Contents

做自己就好

這世界很喧囂，

Part 1

你不需要
成為任何人

我偏要勉強

我曾經在影片裡說過這樣一句話：「和生活單挑時，每刺出制勝一劍，你就有資格為自己加冕。」

在我看來，生活是一款單機遊戲，不能多人組局。雖然我們追求愛情、依賴親情、珍視友情，但比起互相攙扶著走完成長的路，單槍匹馬地闖蕩才是常態，靠自己做出每一個決定才是人生。

十八歲，距離高考僅剩半年的時候，我做了一個決定：參加藝考，去北京。

二○一○年，我的堂姊考上了北京電影學院表演系，去報到的那天，她透過人人網發布了一條動態：「從今天起，我就是在北京有床位的人了。」

文字下配了兩張照片，一張是四個女孩在北影門口擁抱；另一張是男孩扛著相機，女孩拿著場記板。每個人的臉上都洋溢著藏不住的快樂，如果再用一句話形容這份快樂，那應該是——我們的青春，擁有無限可能。

那時，我還沒有去過北京。「北京」這兩個字對我來說是那麼遙不可及，但照片上那些男孩、女孩以及他們寫了滿臉的自信與驕傲，我怎麼也忘不了。

看到堂姊的那條動態時，我正坐在從學校回家的公車上。彼時的我是一個在學校裡沒有存在感，也從未給家庭帶來過任何期待或驕傲的普通甚至有點自卑的女孩。這種普通，讓我從不敢去思考自己是否有想去追求的東西。每當被別人說「你不行」的時候，我也從未想過要去反駁這種否定，心裡總會回覆道：「沒關係，就這樣吧。」

但那天，當我坐在公車上看到那條動態時，我在心裡很認真地問自己：「真的沒關係嗎？」

與人鬥也好，與命運鬥也罷，
難道逆風向上攀爬的人生不是更讓人熱血澎湃嗎？

　　人在黑暗裡太久了會畏光，在雪地裡太久了會雪盲。我們習慣了一種生活狀態時，就會對「改變」這件事產生本能的恐懼，有時候甚至連生理機能都會幫我們一起抵抗。所以，當決定去北京的聲音在我的腦海裡響起時，我自己都嚇了一跳。

　　這是誰的聲音？這是誰做的決定？她怎麼敢？但我也知道，當做出這個決定時，戰鬥的號角聲已經響起，想去北京求學的念頭，就這樣在我心裡扎了根。

　　可生活畢竟不是電視劇，一個念頭的出現也不能成為逆襲的開始。

　　第一年，我鼓足了勇氣參加藝考，卻沒有拿到一個滿意的資格證明，想去的學校當中，有幾所連複試都沒進去就被淘汰了。

　　「看榜」成了那一年裡我最恐懼的兩個字。它意味著失望，意味著好不容易樹立起的信心再一次轟然倒塌。

　　藝考沒能拿到滿意的資格證明，這件事讓我喪失了積極高考的動力。對北京的執念，讓我在高考前一個月就下定了重考的決心。所以在第一年高考落榜後，我快速收拾心情重新出發，躊躇滿志地想書寫一個高考落榜生逆襲考取理想院校的勵志故事。

　　這個故事開頭的賣相也確實不錯：第二年藝考，我考取了中國傳媒大學導演專業全國第七名、上海戲劇學院影視製作編導專業全國第八名、南京藝術學院導演專業全國第十三名。之所以至今依然

能如此清晰地記得這些名次，是因為對於那個年紀的我來說，這幾乎是我十幾年來收穫的所有認可。這也讓我初步建立起了自信，拿著這些藝考的成績單，我的心裡踏實了很多。

填報專業時，中傳、上戲、南藝三所院校都屬於提前批次，無論拿到幾個資格證明，一般都只會錄取提前批次的第一個志願。因為對北京的這份說不清、道不明的執念，我放棄了文化課要求相對低一些的另外兩所學校，填報了中國傳媒大學。也因為自己決心要走藝術類的道路，所以除了提前批次和兜底的第三批次，我沒有填報任何其他綜合類大學。再加上我當時認真複習，幾次模擬考試都發揮得不錯，心中也就不免多了幾分自信。畢竟我在中傳導演專業的藝考全國排名已經相對靠前，如果高考正常發揮，錄取機率應該比較大。

但關於高考這個故事，我好像注定沒有逆天改命的能力。也許是太緊張，也許是太在意，也許是重考的重擔讓我太在乎得失，我的高考成績沒有達

到中傳導演專業當年的錄取分數線──只差了幾分。

我曾經在無數個夜晚想過很多種「如果」：

「如果當時第一志願在另外兩所院校中選擇，我是不是就考上了？」

「如果那兩道選擇題我沒有做錯，我是不是就考上了？」

「如果不是因為太莽撞，明明偏科嚴重還非要選擇學習理科，我是不是就考上了？」

可惜人生從來沒有如果。知道結果的那個晚上，我整個人都是麻木的。我沒做到，我又一次失敗了，成為別人眼裡「重考一年還是考不上」的失敗者。那時候有很多聲音都在對我說：「認命吧，房琪。有時候人再努力也沒有用的，這個世界閃著光的人太有限，大多數人都很平凡，你要接受自己的平庸和普通。」

但我不甘心，真的不甘心。

我很喜歡金庸在《倚天屠龍記》裡塑造的趙

敏這個人物。在她阻止張無忌與周芷若大婚之時，周圍一眾武林豪傑無一不勸她收手。「認清現實」不只是當代社會的生存法則，在那個快意恩仇的江湖中也同樣心照不宣。木將成舟之時冒天下之大不韙斷人姻緣，要承受的壓力可想而知，但這個蒙古郡主只是擲地有聲地拋出了幾個字──「我偏要勉強」。

與人鬥也好，與命運鬥也罷，難道逆風向上攀爬的人生不是更讓人熱血澎湃嗎？就算有一天我真的必須低頭認命承認自己的平庸，那也不應該是在我只有十八、九歲的時候。我的人生不過剛剛開始，挫折也不過遇到了幾輪而已。我還有那麼多的年華可以用來失敗，可以用來受傷。我就只活這一次，我還沒能活成自己想要的樣子，我憑什麼要認命呢？「我偏要勉強！」

於是，十八、九歲那個還未配妥劍的我，準備開始和命運較勁。

現在想來，那段日子很痛快。

人不活一個點，
人活連續和起伏

二〇一九年五月三十日，我的抖音帳號「房琪kiki」第一次收穫了單條影片點讚量突破兩百萬的成績。影片的標題叫做《一個逆襲的故事》。因為這支影片，我收穫了一百多萬喜歡我的人。

影片開頭的幾句話是這樣說的：「為了考到北京，在第一次高考後，我選擇了重考。第二年，我參加藝考拿到了中國傳媒大學導演專業全國第七名的成績，卻因為文化課發揮失常而落了榜，只得到三本院校讀編導。當時，身邊的朋友都和我說，認命吧房琪，但是我沒有。」

我把自己生命中最絕望的那兩年，用了十二秒

九十三個字概括出來，但大概只有我自己知道，這
十二秒背後的日子，有多難熬。

　　尤其是重考的那一年。當時，身邊所有熟悉
的人都已經前往大學，擁抱各自嶄新的人生，只有
我獨自一人被落在了熟悉的家鄉，不得不走進一個
既熟悉又陌生的環境，融入一個沒有熟人的班級。
作為留級生和高考落榜生，在新班級的滋味並不好
受。當時，幾乎沒有同學願意主動和我說話，老師
也沒有那麼多的精力顧及每一個人，整個環境都很
壓抑和孤獨。有一次，我物理考了很低的分數，彼
時坐在教室最後一排的我，把考卷正面攤在桌上，
看著成績下面的兩道橫槓力透紙背，批卷老師氣急
敗壞的樣子彷彿就在我眼前。同桌正在為算錯了一
個數字，大題沒有得到滿分而懊惱，在發了一陣牢
騷之後，她的目光落在了我的考卷上。我還沒來得
及把分數遮住，她便湊上來對我說：「其實我有時
候真挺羨慕你的。」

「羨慕我？」

「對啊，你看那些差一分就及格的人，會覺得特別可惜，但你就不會有這種煩惱，也不用因為沒發揮好而焦慮，心理壓力沒有那麼大，多好啊！」

她目光真誠地看著我的那幾秒鐘，讓我相信了她的話是真的發自內心。但我知道，其實在那特殊的一年，老師和同學對差等生已經放棄了比賽資格這件事心照不宣，差等生只能心甘情願當個旁觀者——哪怕我上課的時候努力瞪大眼睛盯著老師，認真記了滿滿一本的筆記；哪怕我在夜深人靜時打開物理考卷，想破了頭也不會解題，一邊罵自己笨一邊哭；哪怕我掙扎著想讓他們聽見，我心裡不停地在吶喊的那句「請別放棄我」。

老師還是會在輪到我回答問題的時候，面對我的支支吾吾而發出一聲長歎，說一句：「算了，下一個。」

被放棄、被嘲諷、被淘汰的經歷，又怎麼會只

有一次呢？

　　剛來北京不久，我得到了一個廚藝類節目主持人的試鏡機會。這個節目不僅會在衛視平臺播出，還會向主持人支付一筆勞務費。對於已經一段時間沒有收入的我來說，簡直是救命稻草。試鏡的前一天晚上，節目組臨時通知要自己準備圍裙，當時已經快到晚上八點鐘，大多數店鋪已經關門，網上買也不可能來得及。我心急如焚地出門了，最後在一個即將關門的大商場，一家看上去就很貴的店裡找到了一條藍色的蕾絲邊圍裙，下意識地看了看吊牌——四百二十九元，這個價格我估計能記一輩子。為了不影響第二天試鏡，我咬咬牙買下來了。商場關門之後，我一個人站在街上，看著輕飄飄的購物袋裡那條昂貴的圍裙，愈看愈心疼。我捨不得打車，就這麼一路走回了家。回家的路上，我還在暗暗地想：沒關係，如果試鏡成功了，這點錢不算什麼。

　　我至今忘不了第二天試鏡時激動和緊張的心

情。結束之後,製片人說可以先回家等消息。忐忑地等了好多天都沒有音訊,直到有一天突然接到了其中一位工作人員打來的電話,電話接通之前,我彷彿都能聽到自己撲通撲通的心跳聲。電話那頭說:「小琪,告訴你個好消息,你被選中了。明天拿著身分證來一趟吧,我們簽合約。一年五十萬。」

我瘋狂克制著自己激動的心情,拿著電話支支吾吾了好久,說了好多次謝謝,問了好多次「是真的嗎?」得到確定的答覆之後,我掛掉電話,然後迫不及待地打電話給媽媽,我說:「媽!我那個節目試鏡成功了!你猜一年多少錢?五十萬!」

我媽在電話那頭比我還激動。

冷靜了一會兒,我才想起來還有很多流程上的細節剛剛沒有問,於是打電話想確認一下第二天見面的時間和地點,沒想到這次電話那邊卻傳來了哈哈大笑的聲音。他說:「哈哈哈,你忘了今天是愚人節啦?你不會當真以為自己能賺五十萬吧?愚人節快樂哦。」

　　我從來不想去扮演一個大度不計較的人，我必須承認這種「玩笑」真的非常傷害我，甚至時隔多年再次回想起來，我還能感受到當時的難過。那種難過叫做：為什麼要給我希望又拿我尋開心？

　　最後，我沒有被這個節目組選中。愚人節接到電話的喜悅讓這場黃粱美夢更加戲謔。

　　對於好勝心極強的我來說，重考的那一年，是我最狼狽、最蓬頭垢面、最無助的一年。幾年前的四月一日，也成了我最討厭的一次愚人節。

　　這些經歷都給那時的我留下了深刻的痛苦，但現在再回想那段時間，卻早已沒有了那種焦慮不安的感覺。之所以現在可以輕描淡寫地說出這些曾讓我極其難堪的瞬間，是因為我愈來愈明白：**人生就是有很多這種跌宕起伏的時刻，沒有人能夠一路順遂，我們要學會接受高潮與低谷對我們的席捲與反噬。從頂端的喜悅到墜入谷底的失落，也是人生的一堂必修課。**

　　人生中因為被遺落、被選擇、被誤解帶來的委屈不甘的時刻，真的有很多。經歷過這些後，我越發明白，與其一味沉浸在傷心難過之中，不如多去想一想，如何才能做出被人認可、接受的作品？離開一個不認可你的環境，是否一樣可以活出自己，甚至更加精彩？二選一的時候，如何讓自己成為不可替代的那一個？

　　十年前一張低分的物理試卷，高考中遭受的挫敗和孤獨，並不會給我的一生蓋章，並不意味著我

只能就此失敗無為，我依然可以再次昂首挺胸，去迎接嶄新的未來。這未來裡當然還會有急流和險灘，但值得高興的是，我已經做好了迎接挑戰的準備。

幾年前成為未被選中的那一個，愚人節的玩笑並不代表我就是個笑話。昨天的我尚且匹配不到五十萬的薪資，不代表今天的我不能創造更高的價值。我依然可以重新選擇方向，去迎接屬於自己的光。

在成為旅行博主讓大家透過公眾平臺認識我的今天，我面對了更多的質疑。很慚愧，我依舊沒能成為一個百毒不侵、刀槍不入的人。在諷刺和討論聲裡，我懷疑過自己無數次，甚至悲觀地想要放棄。但每每處在低潮而心神不寧時，我總會想到電視劇《長安十二時辰》裡的一個片段，元載在獄中說過這樣一句話：

站在高處望深淵，墜入深淵識攀爬。人不活一個點，人活起伏。

共勉。

喜歡自己的瞬間最好看

剛開始來北京時，為了多掙點錢，我經常跑劇組，客串試戲各種角色，那時候被拒絕最多的理由就是：你太胖了，上鏡不好看。

說到底，減肥好像是每個女生的宿命。我們斤斤計較著卡路里，用白開水涮菜，控制食欲。好像如果多吃一點，我們就會像《神隱少女》裡的爸爸媽媽一樣，因為貪吃被魔法變成豬，然後時刻有人在我們的耳邊大喊：「吃多了會被殺掉的！」

被拒絕的次數愈來愈多，我也漸漸接受了這樣的聲音和觀念，嘗試了各種各樣減肥的方法——幾乎包括你能想像到的各種餓肚子的方法。後來，我

終於變瘦了，但是很不快樂。經常餓到虛脫，再沒有足夠的體力和精力，和喜歡的食物就像天人永隔一樣，甚至一度感覺自己彷彿憂鬱了。

都說身體是靈魂的廟宇，假如身體隨時處於瀕臨崩潰的邊緣，靈魂自然無所依附。這時我突然想要問問自己：瘦，是美的唯一標準嗎？肚子上有肉就代表著自我放棄，雙下巴出來就是不自律，這些究竟來自誰的定義？真正的自由，不是叛逆，也不是放縱和無所顧忌，而是學會由內而外地接受自己，當然也包括接受自己的不完美。

審美是一種錯綜複雜的複合能力，而最關鍵的要素，就是喜歡你自己。

我確實無法總結到底如何才能非常喜歡自己，但在生活中，透過實際的測試一步步驗證自己的價值，絕對可以提高對自己喜歡的程度。

這幾年我愈來愈發現，周圍比較優秀的女性，都有一個共同的特點：很喜歡自己，很欣賞自己。

這體現在喜歡自己的價值觀，欣賞自己的人格魅力；喜歡自己為人處世的態度和方法，欣賞自己做的決定。這種喜歡未必是天生的，因為就算天生再喜歡自己的人，若沒有經過後天的驗證，沒有經過生活的打磨，都可能演變為一種驕傲、自大和自負。

　　真正的喜歡，應該是經過了打磨，是透過在工作中、比賽中毫無顧忌地把自己丟出去做驗證所得到的結論，進而發現自己在某個方面具備天賦或者能力。每多一項驗證的成功，就會多給自己增加一點信心。

近幾年，「body shame」和外貌焦慮變成大家關注和討論的焦點，而「天鵝頸」、「直角肩」等不斷湧現的詞語，也彷彿讓美有了統一的要求和範本，同時幻化成了我們「是否可以喜歡自己」的一道道標準。

我一直覺得自己是個很有自信的人。高中階段，當我還在準備藝考時，我的堂姊已經考入了北京電影學院表演系，她和她周圍的同學都非常漂亮，而那時的我還只是個戴著鋼絲牙套和厚片眼鏡、頭禿且腦門很大、不會打扮、有些胖胖的女生。但我從未因為見了她那些長得漂亮的同學而感覺自卑，也從未覺得和她們一起吃飯、出去玩、拍照需要格外認真地打扮自己。還記得藝考之前，我曾給一個在知名傳媒大學讀播音主持專業的姊姊打過電話，向她諮詢：「我想當主持人，不知道自己是否合適，哪裡比較欠缺？該做些什麼準備？」她當時的回饋是——首先，你的長相不是特別合適；其次，你的普通話不夠標準。

　　她的表達很直白，一點圈子也沒繞。但說實話，她的話並沒有給我帶來非常大的打擊和自我懷疑，而是讓我更加確定了在這個方面我的確沒有任何額外的優勢，那麼接下來我需要的就是做好充足的準備然後上場，用真實的試煉來讓我知道自己到底行不行。如果因為他人的寥寥數語，就在心裡悵然若失地給夢想判了死刑，那不是太可笑了嗎？

　　所以當我決定了要去北京從事和舞臺相關的工作，認清了內心深處希望成為主持人這個真實想法之後，我開始為參加各種主持人比賽做準備。

　　我在網上流覽到北京大學生電影節主持人大賽的相關資訊，第二天我就把自己偷偷關在臥室裡錄製了報名參賽的影片，從初賽一路進到了複賽、決賽。雖然最終沒有獲得主持大學生電影節的機會，但作為完全沒有經過專業訓練的非科班新人，且沒有長相上的優勢，依然可以憑藉自己的努力進入決賽，不正恰恰說明了我在這條路上的可能性嗎？也正是

這樣的嘗試以及從中得到的積極回饋，讓我更有信心和勇氣去面對接下來一次又一次的競爭和挑戰。

我見過很多男孩、女孩，他們和我一樣，或許沒有很出眾的外貌與身材，但他們對自己的能力足夠有信心，行事堅定而從容，在我的眼裡，他們一樣美麗。

「外貌焦慮」的話題很大，形成困擾的原因也各有不同。首先我們要做的，就是在認知上承認每個人都難免會為皮囊所累，但我們不應把它當成一種由和藉口。「因為我不夠好，所以失敗就是理所應當的；因為別人長得比我好看，所以他就一定會比我成功。」人一旦陷入這種消極的思考模式，對自我的認知就會只剩懷疑，何談喜歡？

焦慮、不安是先天會存在的情緒，直到今天我也還在盡全力和它共處，它時常出現擾亂我的思緒，讓我懷疑自己是否不夠好。**我們要做的並不是把焦慮、不安全部消滅，這不僅不可能，而且沒必**

要。我們要做的，就是把它們和決心、奮鬥一起安放在正確的位置上，控制好彼此之間的變數，讓它們變成對自己更好的激勵。

再昂貴的化妝品、再熟練的化妝技巧，也無法抗衡「喜歡自己」的力量。當你真正喜歡自己的時候，你才會發光。

你和自己，熟嗎？

前段時間我看了一部電視劇，出乎意料，讓我印象尤為深刻的是裡面的一個小人物。

他是配角，性格和角色背景都不出色，也沒有多麼忠肝義膽，本身並不是一個特別正向的人物，甚至帶著些阿諛奉承的小人模樣。用一句話來形容，就是這個人物很不討人喜歡。但是劇中他有一段臺詞讓我印象很深：「雖然我不是什麼大人物，但今天我所擁有的一切，都是靠自己的努力得來的。我的強顏歡笑、殫精竭慮、透迤周旋，都是為了獲得我想要的東西。」

他的這段話讓我深有感慨，比起那些拯救世界

的超級英雄、大義凜然的江湖俠客、帶著主角光環的正派義士，我更加喜歡這個小人物。

對電視劇裡的主角來說，愛與崇拜唾手可得。

但對生活裡的每一個平凡人來說，每一份尊重都要靠自己去賺得。

這個有血有肉的小人物足夠了解自己，也足夠清楚自己想要什麼。

我自信也是一個很了解自己的人，從不避諱說出自己的優點：目標清晰，行動力和執行力強，信任自己，可以單槍匹馬挑大梁，也算得上努力。但我也同樣很清楚自己的缺點。比如情緒化、不太擅長與別人合作、顧慮的事情太多、永遠活得不夠放鬆等。

雖然從出生的那一刻起，我們就認識自己了，但對自己的了解真的並不是天生的，而是來自我們日常生活中對自己的點滴發現與總結。每次出現問題後，我都會反思原因是什麼，是我的問題還是別

人的問題？如果是我的問題，為什麼它會出現？如果問題反覆出現，究竟是一時的情緒因素導致，還是長期的性格累加使然？該如何做才能避免同類事件再次發生？

諸如此類與自己的對話，是一件不需要特定契機去促成的事。無論面對的是重大事件，還是看起來微不足道的小事，都可以讓我們對事情背後的本質有更深的認識和反思，對自己逐步形成一個非常明確的判斷。

很多時候，了解自己，還需要對自己的天分及後天需要進行怎樣的努力，有一個更清晰的認識。拿我自己來舉例，很小的時候，我就總聽到身邊的大人說：「這孩子能說會道的，伶牙俐齒。」後來參加藝考培訓班，老師常給我們出一類即興評述的題目：在兩分鐘內用幾個關鍵字和一段話講出一個故事。我總是可以很快地完成，不需要打草稿和修改，只要打好了腹稿就可以在老師面前流利地講述。那時經常會聽到來自老師們的評價：「這真的

是你兩分鐘內想出來的嗎？」

這些來自外界的回饋和內在的觀察，讓我慢慢發覺自己在語言表達和文字處理上，的確是存在一些天分的。電影《靈魂急轉彎》裡提到，每個靈魂，無論是冷漠、熱情，還是自負自大、害羞謹慎，在投身到地球之前都需要找到屬於自己的「火花」，且每個人的「火花」都不相同。只有找到「火花」，胸前的「地球通行證」才會被點亮，自己的地球生命之旅才能正式開啟。那麼我想，我的靈魂應該是被劃分到了「會說、能寫」的板塊。身處其中，我找到了屬於自己的興趣標籤，並且興高采烈地拿著自己的「火花」，直奔屬於我的生命。

如果說天分是禮物，那它可以被給予就可以被收回。怎樣才能讓它留在你的身邊，從有點虛無縹緲的天分變成實用的技能？我認為這需要我們在後天不斷地去挖掘、打磨、精進和運用。抱著它渴望坐享其成，或是把它擱置在一旁不予理睬，總有一天天分是會被收走的。

「所有命運饋贈的禮物,都已在暗中標好了價格。」但天分區別於其他禮物的是,它更加友善。它只需要你在它身上投入更多的時間,把它變成你的技能、長處,變成你的武器和屬於你的「火花」。

天分 + 努力 + 總結反思 = 完整的你

想和自己成為很熟的朋友,不僅要清楚閃耀的「火花」,也要看到晦暗的角落。只有了解自己的弱點和缺陷,才能明白自己要有所為、有所不為。當然,我們生命中的火花,並不是獨自綻放的,還需要去和別人發生碰撞和摩擦,這期間會產生很多的認同與共識,也會有很多的誤解和偏差。

人的本性,都是喜歡聽表揚,不喜歡聽批評。但是成長之所以會讓人變得不一樣,不正是我們要把這些本性變得更符合生活發展的方向,更加契合成長的軌道嗎?「若批評不自由,則讚美無意義」,這句話我很認同。就像你是你眼中的自己,但也不要忽視別人眼中屬於你的影子。

　　別害怕，當我們把蒙在自己身上那些模糊不清
的判斷和偏見像剝筍一樣，一層一層地剝開，露出
裡面鮮嫩而青澀的部分時，我們才算和自己相熟，
才算真正認識了自己。

假如回到十八歲

在頭頂發現人生的第一根白髮時，二十八歲的我在腦海裡給自己搭建了一架時光機，決定去看看十八歲的自己，去重新拾起那份我深深懷念的孤勇和膽氣。

在呼嘯捲湧的黃河邊，長達三百二十八米的黃河索道讓我肆意尖叫，狂風把我的頭髮吹得凌亂。在黃沙漫漫的沙漠裡，坐著一輛吉普車往沙山衝去，引擎的轟鳴聲除了令腎上腺素激增，還引發了我停不下來的呼喊與尖叫。

那一天，調皮的駱駝舔了我的鏡頭，鞋子裡全是細細的黃沙，走起路來深一腳淺一腳。我決定，

在沙漠裡等一場日出。

我開著那輛方向盤非常沉的越野車，在尋找一處荒無人煙的地方，霜降前後的西北，已經沒人選擇在沙漠露營了。夕陽西下時，我和小陳找到了一片視野開闊的空地，安置我臨時的小房子。固定帳篷不是一件容易的事，尤其是我還帶了一把異常沉的錘子。與其說是我掄著它，不如說是它帶著我。那幾個小時裡，天地間異常安靜，除了我的呼吸聲，就只剩下錘子叮叮咚咚的聲音。

你問，在沙漠裡怕不怕？

怎麼說呢，太陽落山之前我感覺自己還是挺勇敢的，我還能把手插進細沙裡感受那份滑膩的冰涼觸感，還能聽耳機裡唱著林宥嘉的歌：「可沒有夢想，何必遠方。」但太陽落山之後，暖陽餘韻裡支起帳篷的小清新就變成了荒野求生，一半是沙漠，一半是黃河，夜晚呼嘯而過的大風裡又裹了一層黃河的涼。我縮在睡袋裡瑟瑟發抖的時候，滿腦子都在吶喊：「怎麼可以這麼冷？」

大家都在說,我們「90 後」老了。

可如果此時就開始害怕,我們就真的敗給了年華。

我們收起了玻璃珠、鐵盒、英雄卡,卻沒有收起對世界的好奇心,

只要心裡永遠熱血鮮活,我們就能至死都是少年。

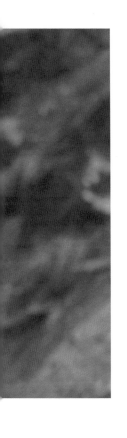

　　寒冷和莫名的興奮讓我輾轉反側，在睡袋裡翻來覆去地折騰半天，拿手機一看才凌晨一點。我那要命的好奇心在叫囂：既然睡不著，那就出去散散步唄。在凌晨一點的沙漠裡散步，是應該遛峰駱駝還是遛匹狼？我還是出去了。鑽出帳篷抬起頭的一瞬間，我在心裡感激了我的好奇心一萬遍。

　　滿天璀璨的繁星連成星河，銀漢迢迢，根本看不見盡頭。它們離我那麼真切，那麼近，我突然明白，白居易為什麼會寫下那句「遲遲鐘鼓初長夜，耿耿星河欲曙天」。我

頭頂這一片星光就快要把沙漠裡的黑夜點亮，它和我一樣在等待東方吐露曙光。曠野無人，天地都可以只是我的，縱然只是一瞬間。

我就這樣看著天空，直到繁星對我說再見，直到它帶走我許下的小心願。

天氣預報說，七點零五分日出。

五點三十分，我走出帳篷翹首以盼，在不遠處看到了一串很大的腳印和幾坨很大的糞便。看來，昨天晚上還有駱駝陪著我倆。駱駝從這兒經過，那些一定是牠給我留下的暗號。六點二十八分，地平線依然沒有變亮，時間在風中、在雲裡、在星星上一分一秒地走過。七點整，今天等不到日出了嗎？我默念著說服自己，從不甘變成了接受。

從越野車的前蓋上跳下來，準備收起帳篷，帶著「雷神的錘子」一起打道回府。可是你知道旅行最迷人的地方是什麼嗎？是來自未知的可愛，它可

以給你遺憾，也可以給你驚喜。

在我跳下來的一瞬間，藍絲絨一樣的天邊突然泛起粉紅，遠方一個小小的點點從沙丘和枯樹之中慢慢抬起了頭。我拚了命地跑到制高點，踩在沙漠裡的腳一瞬間就陷了進去，我自己都不知道那麼高、那麼陡的頂峰我是怎麼爬上去的。

那個小小的點點，漸漸變成了一輪圓圓的太陽，我覺得此時如果有一把劍，我就是天地孤影任我行的俠客了。

大家都在說，我們「90後」老了。可如果此時就開始害怕，我們就真的敗給了年華。我們收起了玻璃珠、鐵盒、英雄卡，卻沒有收起對世界的好奇心，只要心裡永遠熱血鮮活，我們就能至死都是少年。

非常重要

找到你的主場，

Part 2

不要在別人的
賽場上奔跑

該為自己的野心道歉嗎？

「野心」，從來都不是一個貶義詞。

但從小到大，成長環境和家庭教育告訴我們，人是不該把野心掛在嘴邊的，更不要提寫在臉上了。就像偶像劇很少會塑造一個勝負欲極強的主角，頒獎典禮上每個人都會看似輕鬆地說一句「重在參與」，隨便學學就考得的第一名，永遠比通宵刷題的「小鎮做題家」看起來更酷。好像一個人卯足了勁拚命爭取的樣子遠遠沒有雲淡風輕來得漂亮，好像告訴別人「我想要」和「爭第一」就會在無形中給別人帶來巨大的壓力。

大學畢業那時參加節目的時候，節目裡的導師

就曾對我說：「你是一個不會藏拙的女孩。」朋友也說過，太有野心的女孩，就像偶像劇裡的女二，因為女主角從來都是純良無害、不爭不搶的。

可我也知道，自己並沒有偶像劇女主角的光環，我平凡得連跑龍套的路人甲都算不上，想要被人看見，就必須站在有光的地方。

我一直覺得我們的成長裡少了一堂課，這堂課叫──「勇敢承認自己在乎」。

毫無疑問，「溫、良、恭、儉、讓」是需要我們用一生的時間去學習的美好品質。但同樣不容忽視的是，我們必須懂得該站在什麼樣的角度去分析和解讀。它們從來不代表追求夢想時的無欲無求，取得一定成績後的止步不前，面對表揚時因不敢承受而過度恭謙，以及面對好機會時的不敢爭取和拱手相讓。勇敢承認自己在乎，承認為此所付出的努力並不丟人。我們都是平凡的大多數，想要的東西不自己努力爭取，難道要等著別人送給你嗎？

我也知道，自己並沒有偶像劇女主角的光環，
我平凡得連跑龍套的路人甲都算不上，
想要被人看見，就必須站在有光的地方。

野心不是也不該是一件難以啟齒或羞於表達的事。

野心是對生活始終抱有追求和渴望，是永遠在對自己的當下給予肯定的同時，依舊有仰望的山頭和方向。**承認自己的野心也就意味著對自己有明確的定位——我是誰，我想要什麼，我要去哪裡；同時會對自己有更清晰的認知，承認自己的平凡，也承認自己的不甘平凡。始終有一個目標做燈塔，接受自己的優點和缺點，也坦然面對來自生活的打擊和傷害，永遠活得直接、熱烈、津津有味、熱氣騰騰。**

我承認自己是有野心的。在不同的年齡階段，野心的內容也會不同，從稚嫩到成熟，從抽象到具象。大學剛畢業的時候，我的野心是不想居於一個穩定的工作狀態，不想待在一個幾乎沒有變化和挑戰的小地方，想去更大的城市，做不一樣的事，那些我身邊的人從未做過的事。期待別人的目光和注

意，渴望被另眼相看。

後來，我到了很大的城市，隨著自己生活和工作閱歷的增長，野心開始慢慢有了更為具象的內容。當主持人的階段，我的野心是站到更高的平臺，參與更好的節目；嘗試做演員的時期，我的野心是可以有登上大銀幕的機會；後來從事自媒體行業，我的野心是要求自己可以一直輸出好內容，被更多的人認識和喜歡。

寫下這段文字的時候是二○二二年的春天，我已經二十九歲了，我對野心的定義和認知，不再像過去一樣碎片化，而是把它變成一種想要追求的方向：我希望自己的生活是動態平衡的。我知道，這真的很難，因為它要求我們對自己的生活和節奏有十足的掌控權，有多維度同時向上的能力，既意味著在事業上有所成就，也需要經濟上有一定積累，同時還需要管理好自己的情緒，收放自如。

在與野心成為夥伴的這些年裡，我對自己有了更深刻的了解，我知道自己是一個相對自我的人，

擅長單槍匹馬孤軍奮戰，眼裡只有前方，有時候難免會忽略周圍人的所思所想所言。這種性格好壞參半，好處是可以目標明確一往無前，不足是我可能會因此無意中忽略了周圍人的感受。我們都知道，前行路上，沒有人會是一座孤島，我們的人生一定是透過親情、友情、愛情等方式，和其他人產生聯繫的。我始終認為相信自己的目標和方向沒有錯，只是我們要在不斷向前奔跑的同時注意調整自己的姿勢，既讓自己被燈塔照亮，又不會因此影響了別人的判斷和方向。

　　幾年前的我還不明白這個道理，因為我是個不安於平淡的人，所以也絲毫不掩飾對「朝九晚五」、「做體面的普通人」的不認同，偏執地認為只有自己選擇的道路才是正確的。當身邊朋友走上了安穩的人生路時，我總下意識地想勸對方應該趁年輕體驗一種「不安分」的活法。但其實這大千世界紛繁複雜，並非每個人的人生目標都是要不斷地向上攀爬。有人喜歡安穩，覺得舒服生活便得自在；有人

喜歡挑戰，想在更高的平臺釋放野心才覺得不枉此生。「人之患，在好為人師」，選擇從來無對錯，我們要做的不是說服別人，而是尊重彼此。

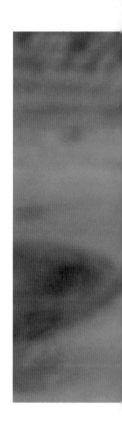

　　二〇二二年冬奧會的賽場上，「天才少女」谷愛凌在比賽時說過一句讓我印象非常深刻的話：「我比賽不是為了打敗其他選手，不是為了滑得比別人好，而是要做到自己的百分之百最好。」

　　野心就像一團火，它讓我們知道，只有不斷超越，才能更有安全

感。每當我們感到疲倦或稍有懈怠時，心裡的那團火總會說：「只有足夠努力，你才配得上你的野心。」在它燃燒時，我們要小心別讓這份熱烈燙傷他人，只把它放在心裡為自己提供能量就好。

　　所以，別為擁有野心而感到抱歉。總有一天，我們不用再追著光奔跑。因為，我要這光，就為我而來。

你認為的不公平，
其實是你還不夠好

你知道被生活打趴下是一種什麼樣的體驗嗎？

在北京的前幾年，我時常覺得自己很無力、無用、無能。「三無青年」這四個字像一座大山，壓得我喘不過氣，起不了身。

二〇一六年，我報名參加一檔非常有名的綜藝節目。為了做一個「合格的奇葩」，我刻意改變自己平時說話的風格，朝著語氣誇張、故事獵奇、精神亢奮的狀態馬不停蹄一路狂奔。接連準備了幾個月，第一場面試就被淘汰了。從當時的幾位導師手中，我只拿到了出於善意的一票同情分，在後來播出的節目裡，我的鏡頭也被「剪」得一幀不剩。當

時的編導說：「我們本來是希望你成為一個年輕有趣的女生，結果沒想到，只剩下年輕了。」

同一年，我又參加了某衛視的選秀節目。節目需要進入訓練營練舞三個月，我沒日沒夜地訓練，腿上到處是瘀青，拉筋疼得快要虛脫了。為了這個節目，關係最好的朋友的婚禮、畢業旅行，我全都錯過了。最後，十二集節目播完，屬於我的全部鏡頭加起來只有幾秒鐘，存在感微弱到彷彿我從來沒有出現過。

二〇一七年，我的演講影片在社交網路上瘋傳，當時的我暗暗以為自己的努力終於被大家看到了。結果因為有人質疑我的經歷不真實，網路暴力一瞬間從四面八方襲來，上萬條評論不堪入目，私信裡被指責和謾罵的不單是我，還有我的家人。那時候，我不敢上網，不敢出門，生活就像一場噩夢。

那幾年，落榜、重考、被淘汰、被網暴、沒收入……我真的很想問問老天，針對我一個人，有勁嗎？為什麼人生對我要如此不公平？

　　直到後來我才明白，那些我們曾經認為的人生裡的「不公平」，其實只是因為自己還不夠好。

　　節目上，為了博人眼球而刻意表現出來的「奇葩」，其實是一張不屬於自己也無法長期駕馭的面具。不僅遮蓋住了最真實的自己，也丟掉了最寶貴的真誠。為了迎合所謂的規則而失去了最真實的自己，最終也一定會導致動作的變形。

　　參加選秀活動認為自己已經足夠努力了，怎麼還沒有被大家看到？那是因為有人比你更努力、更強大。這個時代，努力不應該是值得標榜的勳章和面對所有質疑時的回覆話術，它應該是一種標配。當我們在抱怨為什麼別人沒有自己優秀，卻比自己幸運的時候，想想馬東老師說過的那句話：「只有你足夠與眾不同，你才能足夠被需要。」

　　至於那些陌生人的惡意與謾罵，我們控制不了，更別期望能用自己的經歷來博取同情。這世上從來沒有真正的感同身受。很多艱難險阻的穿越，得靠我們自己。每當因為這些惡意而傷心時，我都會告

訴自己：「兩岸猿聲啼不住，輕舟已過萬重山。」

我記得在二○一四年巴西世界盃比賽中，西班牙隊以 3：0 完勝澳大利亞隊，但這場勝利來得太晚了，西班牙隊還是因為前兩場比賽的失利而遺憾地離開世界盃賽場。當時解說員在終場時動情地說了這樣一段話：「人生當中成功只是一時的，失敗才是主旋律，但是如何面對失敗卻把人分成了不同的樣子。」的確，被生活打趴下的時候，我們當然可以選擇一蹶不振，因為沒有人會替你的選擇埋單。但同時可以選擇回過頭衝它笑笑，告訴它除非我自己樂意選擇趴下，不然誰也別想把我打倒。

這幾年，我轉型做自媒體博主，愈來愈覺得，生活不僅需要擁有提著一口氣的堅忍，更需要擁有對自我的正確認知。

有人說，成為知名博主，無非是因為運氣好，抓住了短影片的風口而已。**可這個時代風口常有，卻不是每個人都能成為飛上天的豬。**

　　自媒體時代，粉絲超過百萬的博主那麼多，想在激烈的廝殺中存活下來，依靠和憑仗的不僅是你的勤奮和努力，還需要有屬於你自己的競爭力，那是你的標籤、特色和魅力。

　　新昌的千丈幽谷，在旁人眼裡或許只是千篇一律的茂密竹林，在我看來卻載滿《繡春刀2》中北齋和沈煉的俠骨柔情。神仙居的雲山霧繞，有人道這散不去的霧氣煞了風景，可我卻看見李太白「煙濤微茫信難求」的夢境。行在路上掠過萬般風景，那些高山流水就相當於一千個哈姆雷特，是英雄還是莽夫，是高尚還是粗鄙，只取決於你自己。

　　雖然還處在「2」字開頭的年紀，但我已經背著背包走遍了中國。我在慕士塔格雪峰缺氧暈倒，在可哥西里和沙塵暴過招，在帕米爾高原找一場不周山的神話，在騰格里沙漠支帳篷等一場日出⋯⋯

　　一個女孩子幹麼那麼拚？可是，生活才不會看你是女孩就手下留情，你需要自己去爭想要的公平。

誰說女孩就不能冒險，不能做夢，不能去遠方？我雖然身材矮小，但一直在強大自己的內心；我雖然外表柔弱，但一直都在挫折中重新站起來。穿著高跟鞋，我能走得很好，脫了高跟鞋，我更應該知道往哪兒跑。

曾經那些坐冷板凳和被人忽視的經歷，讓我明白一個道理：當遇到挫敗時，如果不去想著怎麼爬起來，而是一味從別人身上找原因抱怨這個世界，那麼此刻就是墜入深淵的開始。

如果用質疑的眼光看世界，漂亮女生後面大概都該有個大叔，年輕人有錢大抵是他有個有錢的老爸，別人比你成功一定是因為潛規則……其實你已經開始在為自己找藉口。

在我看來，成功者沒有那麼多不可告人的祕密，藉口只是遮羞布，萬事不如意才是人生的常態。人生就是這樣，我們沒辦法常常都贏。停止抱怨不公，停止嫉妒別人的幸運，把那些時間留給自己，

去變得更加強大吧。只有強者，才有資格把過往的丟臉經歷和挫敗變成當下的勵志故事，甚至是茶餘飯後的談資。

借用我很喜歡的一段話：

無論你喜歡與否，生活都是場比賽，懦夫從未啟程，弱者死於途中，強者就必須前行，一刻也不能停。

想贏這個世界？只需要你站起來的次數比倒下的次數多一次就行。

找到木桶中最長的那塊木板

二○二一年東京奧運會整個賽程期間，大家都對我們的國家乒乓球隊給予了高度關注，而提到國乒隊隊長馬龍，除了一塊塊耀眼的金牌以及超級全滿貫的身分外，還有一個非常突出的能力標籤：「六邊形戰士」。也就是說，從力量、速度、技巧、發球、防守、經驗六個維度分析，各方面技能都很強大，沒有任何一角會失衡。

說實話，對於這樣的人我是非常尊敬的，因為其強大的背後，不僅意味著有天賦加持，更需要付出比常人多千倍萬倍的辛苦、努力、思考和反覆運算。同時必須要承認，我們中的絕大多數人，終其

一生都無法將「六邊形」的每條邊、每個矩陣最大化，勾畫得如此完美。

就像是我們從小到大耳熟能詳的那個木桶理論：一只木桶能裝多少水，取決於它最短的那塊木板。因此這個故事一直都被用來教導我們千萬不能有弱項，一個人必須把它的短板補齊。

不可否認在學生階段，這樣的底層邏輯是沒有問題的，因為在既定的考試規則下，任何一個科目的弱勢都會給最終的結果拖後腿。而當邁過那個名叫高考的山丘，我們會發現人生的每個階段都會有不同的格局，需要你採用不同的視角來分析。回到不再只看重平均分的真實生活中，那塊長木板其實更為重要。它是你身上最醒目的能力和標籤，是最有可能被自己和別人看到和欣賞的要素。

每個人身上都具備著別人拿不走也搶不去的特質與能力，而那塊長木板，可以讓你覺察出自己的閃

光點，透過自己的優勢來確認成長的方向和目標，並且逐步確定自己是否有做成一件事的實力和能力。

長板也更多地決定了你的不可代替性。在職場上，最大的競爭力絕不僅僅是表面上看起來的你的細心、執行力和溝通能力。在我看來，一家公司或者一個老闆，要的不是你「什麼都可以」，而是你的稀缺性與不可替代性。而達到這一點最快速也最有效的方式，就是把你的長板無限變長。

這塊長木板的另一個名字叫做「你的優勢」。只有在一個專業的領域中讓它繼續滋長、發力，直到有一天，你的優勢足以撐起你的生活日常、你的經濟收入，才能幫你收穫足夠多的驕傲與自信。至於短板，我們要做的就是在成長過程中，透過不斷的修飾與彌補，至少把它拉至平均水準線。

比如，團隊合作就是我的一個短板，一度給我帶來了非常多的問題和困擾。因為很多時候，我們的工作是沒有辦法一個人完全承擔的，必須依靠團隊協作共同努力，而由於不擅長這種整合協調的能

力，就會在無形中讓自己承擔太多不必要的工作和壓力，消耗太多不必要的時間和精力，整體的工作效率自然也就會變低。

意識到這個問題後，我開始不斷有意識地進行調整。我從來不覺得短板是不可克服的，它可以讓我們在撞了牆、栽了跟斗、吃了暗虧之後，不斷去提高認知而逐漸彌補。當然，這也要建立在我們已經有了明確目標和方向的基礎上，如果沒有這項基礎，再怎樣彌補短板也會顯得吃力為難。

比如，我的短板還有我長得沒有那麼好看。在藝考的時候，我就開始意識到這一點，作為藝術專業的學生，容貌也是選拔的一項指標。那時候我還戴著牙套，完全不懂得如何打扮自己，只會笨笨地模仿身邊人去化妝，不僅沒有放大自己五官的優勢，反而適得其反。直到今天，我所擁有的還是同一張臉，但我不會再焦慮於自己為什麼沒有那種建模一般完美的五官，也懂得了與其遮擋不足，不如放大優勢，而我手中的另外一項武器，叫做自信，

叫做讓自己變得更優秀。

　　無論是長板還是短板，其實都沒有必要去刻意神化它、放大它。生活不是偶像劇，故事裡的主角也不會永遠是那些長得帥、成績好的學霸「男神」和長得美、家境好的漂亮「女神」。每一個平凡而努力著的我們，才是最真實的存在。

　　我不否認，這個世界上一定有天才存在，他們用人類最優秀的智慧創造著最先進的文明，我們仰望並尊敬他們。但，這樣的人真的太少了。我們更希望能夠靠自己腳踏實地的努力去創造成果。

　　與其一生糾結那塊好像會漏水的短木板，不如找到那塊最長的木板，並用自己全部的能量讓它無限延長，然後你會發現平凡中的奇蹟。

你就是自己的鎧甲

沒有安全感是一件壞事嗎？並不盡然。

正是因為沒有才會在乎，才會想要努力去為自己的生活做出一些實質性的嘗試和改變，去尋找方法來彌補和加固自己的護城河。如果沒有敏銳的洞察力，一味忽視風險的存在，當風險真的來臨時，只會更加辛苦。正像那句話所說：「潮水退去後，才能看到究竟誰在裸泳。」

安全感的內核究竟是什麼？在我看來是能力，是把握人生主動權的能力，是在機會中證明自己的能力，是擁有生存本領賺到錢的能力，是能獨自建立抵抗風險機制的能力。只有用這些能力把自己武

千萬不要害怕，安全感其實從來都沒有躲起來過，
它始終就在我們身後，
幫我們把自己變成可以保護自己的最堅韌的鎧甲。

裝起來，才會讓我們在面對每一次選擇時，不害怕、不失控。

安全感同時來源於不斷對自己的出路進行清晰的判斷，不斷對自己的生活進行思考，從而得到更加明確的答案，把人生的節奏和基調牢牢掌控在自己手裡。因此，在人生的不同階段，安全感長了一張不同的臉，擁有不同的名字。

大學剛剛畢業時，機會對我來說意味著一切，假如有一份好的工作機會和一份豐厚的工資同時擺在我的眼前，我會毫不猶豫地選擇前

者。在所有的夢想和目標面前，我一次都沒有把收入列為第一選項，當然不是因為自己有足夠的積蓄，事實恰恰相反。但這也恰好從側面驗證了一個道理：只有在拋出硬幣的一剎那，我們才真正清楚自己心中最為看重的東西。鮮衣怒馬少年時，青春不會再來一次，有些機會也不會再有，那個時候安全感的名字叫做「被選中」和「被看見」。

後來慢慢地開始有了更多的工作機會，也看到了更大的世界，但我至今記得自己去電視臺實習的時候，當時的主管對我說過的一句話：「**錢其實挺重要的，至少它會讓你在這座城市裡過得沒有那麼狼狽。**」

這句話對我的影響很深，在某種程度上也把我從簡單到非黑即白的「小白心態」中一把拉出，讓我觸摸到了真實的生活。我們必須承認，好的機會可以讓我們掌握更多的能力、看到更多的可能，可金錢的確能夠帶來實打實的來自現實層面的安全

感。不得不說，我們這一生中需要用金錢來捍衛尊嚴的時刻實在太多了。一個人在外打拚，突然接到房東要求漲房租的電話；父母年紀愈來愈大，身體出現狀況需要住院治療；孩子有興趣愛好，想要報名各種不同的課外項目；遭受了職場不公甚至霸凌，究竟是離職還是將就……

經濟基礎決定上層建築，夢想也沒有辦法脫離生活，只是空中樓閣。金錢不是唯一，不是所有，它本身沒有那麼複雜，也不需要那麼多意義。只是當問題撲面而來的時候，金錢讓我們可以有一個名字叫「不」的選項，可以盡量減少那些不得已的妥協和退讓。

我曾經聽到一些女孩說過這樣的話，「我的夢想是做一個家庭主婦，做一個全職媽媽」或是「他負責掙錢養家，我負責貌美如花。」我們不能隨意評價任何一種夢想的高低和對錯，因為每一種家庭分工都有獨屬於自己的排列組合和最優解，我只是

希望每一個女孩都能在生活中發自真心地喜愛和尊重自己，把決定權握在自己的手裡，讓自己有隨時可以上牌桌出牌的權利，進可攻，退可守。而不是把犧牲和奉獻當作愛的最好的表達，把賭注全盤押在了另一個人身上。

人的一生，絕大部分時刻都是在和自己相處、對話，親情、友情、愛情給了我們很多的溫暖和底氣，但很多艱難時刻，我們最大的依靠還是自己。比起擁有什麼樣的父母、伴侶、家庭、背景，擁有什麼樣的能力和內心，才是支撐我們走到最後的內核。

我們沒有辦法去阻止周圍諸多事情的改變，也沒辦法阻止很多人的離開以及很多情感的變遷，但唯一不變的是自己的內心和長在身上、刻在胸口的勇氣和能力。千萬不要害怕，安全感其實從來都沒有躲起來過，它始終就在我們身後，幫我們把自己變成可以保護自己的最堅韌的鎧甲。

成為一個平凡的人

　　幾年前，我有個高中時代的好友找我傾訴。那時她剛剛畢業，在北京一家不算特別知名的公司入職不久。就在她人生正拐彎換路的這個當口，她帶著一些迷茫和不甘來找我聊天。

　　朋友向我吐槽她的女性上司，認為她並不是憑藉真本領才擁有今天的一切，以及另一位男性上司沒有接納自己對一個項目的想法和意見。她說了很多，關乎她對工作現狀的不滿以及心理預期的落空，她迫切地想辭職去進行某個領域的新嘗試，想做出一番成績。她聊到自己正在為了這個新的嘗試找投資，說到自己有相應的人脈資源，覺得鋪開這

條路應該不難。因為她想嘗試的這個領域恰好是我所了解的，所以她希望我能提供幫助。於是我簡單問了一些基礎問題，但她給出的回答證明：她對這個領域所知甚少。

其實我這位朋友的迷茫很常見。對現狀不滿意，卻又無法靜下心來慢慢耕耘改變，有些急功近利，希望能盡快得到一個結果，盡快過上能和「成功」貼近的人生。

如果換作旁人，也許我會說一些安慰鼓勵的話，當一個不得罪人的老好人。但因為是學生時代就建立起的珍貴友誼，所以我頂著做惡人的風險直戳要害。

我問她：你能接受自己是個平凡的普通人嗎？

好友愣住了，半天之後帶著卡頓的狀態點頭說：我……我能接受啊。

但她和我都清楚，她不能。

我能理解她無法接受自己成為一個平凡的人。大學剛畢業時，我們都是血氣方剛的年紀，人生有

太多的可能性，也有太多能夠實現夢想的方式，每一天都是充滿期待的、沒有被定義的，整個世界的大門就在我們的眼前徐徐打開。所以那個時候，承認自己是個平凡人這件事，根本就是無法想像的。

　　曾經十八、九歲偏要勉強的我也認為，如果人生只剩「普通和平凡」，那活著還有什麼意思？

　　但大多數年輕的我們，卻不願意付出耐心等花開，我們對於出人頭地這件事有些迫不及待。隨著年齡的增長，在生活中浸泡的時間變長，愈來愈多的壓力、責任奔湧而來，哪怕我們終於開始洞悉到人生的真相之一，就是並不是所有的努力都必然會有好的回報，很多事本來就是徒勞無功的，但我們依然很難接納自己就是一個平凡的人。

　　因為在我們的成長過程中，從未有人真的給我們上過「平凡可貴」這堂課，我們一路走來聽了太多的「不平凡」。

　　我們看過太多的故事，聽過太多的傳說，裡面的主角永遠有最完美的背景，不費吹灰之力就可以

擁有一切，就連主流仙俠劇的人設，也動不動就是六界之主、上神主神。推動劇情的主線都是為了「天下蒼生」，但故事裡卻很少能看見「蒼生」，因為他們淪落成為塑造主角光環而隨意存在的路人甲乙丙。所以在我們最早的認知中，光鮮亮麗的人生才是最酷的，怎麼可以只是一個小小的配角？怎麼可以平凡？

回到現實世界，小時候我們聽到身邊所有人都在說，你應該出人頭地，應該成為人中龍鳳，應該名利雙收……但真實的世界是由一個又一個平凡的人構成的，沒有那些法術技能，也沒辦法上天入地，真正能夠出類拔萃的人鳳毛麟角，名利也並非只有表面的光鮮與亮麗，就算上了名校，也未必能光芒四射。

不知道從什麼時候開始，彷彿正確而優秀的人生就是一張清單：

1. 我要考上一所什麼樣的學校？
2. 我要找到一份什麼樣的工作？
3. 我要嫁一個什麼樣的男人？
4. 我要生一個什麼樣的孩子？
5. 我要開一輛什麼樣的豪車？
6. 我要買一套什麼樣的房子？

…………

當這些條條框框裡有一些數值沒有達到預期，沒有匹配自己「人中龍鳳」的想像時，我們就開始充滿焦慮，急切地想改變現狀。

但其實每個人的追求，在不同的年齡階段會有不同的變化。比如你在二十多歲時考了公務員，覺得自己已經有了穩定的收入，但內心對更有衝勁的生活還有渴望，於是不顧一切地辭職，奔向大城市。奮鬥了五年多，終於有了買車買房的能力，又可能會開始嚮往安逸的生活，渴望離開。這樣的過程就

該被定義為糾結、混亂、不安嗎？我覺得不然，大部分人的自治，都是需要過程去完成的，我們可以用大把時間去追求「不平凡」，但最重要的是，等到追不到、過於疲憊的那天，也應該學會坦然。

　　人生的選擇沒有對錯優劣之分，人生的方向也不是只有一套標準答案，或許我們終其一生就是沒辦法做這個世界的主角，但不妨礙我們可以做自己的主角。找到自己的主場，不去別人的賽道奔跑。平凡不是平庸，也並不意味著我們會放棄努力、向上、奮鬥和奔跑，而是讓自己活得更加腳踏實地，不再懼怕和焦慮，學會和自己的渴望、不甘、不足相處，並學會給自己足夠的溫暖和善意。

　　平凡不一定是唯一的答案，但是敢於接納平凡，才是真的勇敢。

你該如何抵達

Part 3

想要和得到中間
還有兩個字：做到

這個世界根本就沒有懷才不遇

「世有伯樂，然後有千里馬。千里馬常有，而伯樂不常有。」想藉這句大家都耳熟能詳的古文，聊一聊懷才不遇這件事。

這句話誕生的時代，衡量一個人成功的尺規還沒有如此多元，能夠供大家展示才華的平臺非常有限，科舉制度幾乎成了每個人實現抱負的唯一管道和路徑。這扇門關上了，其他的窗也很難推開。太多的千里馬，空有一身才華和抱負，一生也只能盼一賞識其才華的伯樂，迎接自己等待和被選擇的命運。

到了今天，在某種意義上，我們可以說懷才不

遇似乎變成了一個偽命題。一支手機就可以成就一個人，無論作為千里馬的你優勢在於唱歌、繪畫、跳舞，還是搞笑、廚藝、表演、化妝，只要你能呈現不一樣的東西，就有在人群中脫穎而出的機會與可能。

這個時代的伯樂也有很多，平臺、媒體、自然流量、自然熱搜……都可以暫態將一個人推上舞臺。所以，**相比於探討伯樂的稀缺性，我們更應該在意：一匹千里馬，牠應該長成什麼樣子？牠如何才能夠跑得更久？**

至少我希望自己是不被埋沒的那一個。很多人最早認識我，是透過《我是演說家》的舞臺，但卻很少有人知道那集節目差一點就沒有辦法被大家看到。參加節目錄製時，為了呈現出更好的效果，僅演講稿我就修改更新了近五十個版本，每一版都花了非常多的時間打磨，再將其背到滾瓜爛熟。我對那次節目抱有非常大的期待，卻沒想到在節目播

出時，守在電視機前從開頭看到結尾，都沒有看到自己的身影。我給編導打電話，得到的答覆是：「經過權衡，還是覺得整體內容和這期節目的主題不是很符合，所以才拿掉了。」當晚，我一夜未睡。

沒想到幾個月後，當我對這件事已經不抱期望時，我卻接到了節目組的電話：「演講內容很精彩，會重新安排在臨近開學的時候播出。」

我有時候會想，如果那段演講最終仍未得以播出，我的人生是否會有完全不同的走向？必須承認，

我們都有登上舞臺十五分鐘的機會，

但十五分鐘之後是否還能留下，要靠你自己。

一定會少了一個非常重要的閃光時刻，甚至此後的職業路徑也很可能會發生改變。所以我很感謝那個讓我被人看到的舞臺——哪怕背後有著不為人知的小波折，同樣也很感謝當時很努力的自己，努力奔跑留下的腳印終會被人看到。

當然，在我們還沒有足夠的能力策馬揚鞭時，千萬不要去責怪為何風沒有吹向你。

每當我要招聘一起出去旅行的剪輯助理時，總會收到很多應聘者的詢問：「我好想試試啊！」「我可不可以？」很多人也會在簡歷裡寫明，自己並沒有把剪輯助理的職位當成一份工作，而是一種期待和想像——我從未接觸過這樣的生活方式，也希望能和你一起走南闖北看看很多地方。

我也帶過幾個實習生，在一起工作的過程中發現他們身上有一個共同的特性：對工作和自己當下的能力還沒有完全清晰的認知。在對工作內容還一頭霧水時就渴望挑大梁，急於在核心業務中展現能

力，但當實際工作與想像出現落差時，又開始打退堂鼓，埋怨自己沒有得到好的機會。

其實，無論作為剛奔向草原的小馬駒，還是已經賓士有道的千里馬，大家都要明白：**工作本身是一件非常專業且中性的事，並不是只有想像中的美好，擺正心態非常重要。**假如在一些年輕人心中，我會是他們的伯樂，那麼我也會希望我看中的千里馬能夠更皮實一些、心更沉一些、更有智慧一些。相比較只會一味吃苦，千里馬需要擁有更多的靈性，以及長期專注做一件事情的能力。

雖然，哪怕是此時此刻的我也不能拍著胸脯說：「只要在自己的崗位上堅持下去，就一定能看到未來，一定能遇到屬於自己的伯樂。」這有點畫大餅了，就像很多主管會和下屬說：「你應該去提升自己，才有機會接觸核心業務。」很多時候會讓你認為是一種外部視角裡的習慣性說詞。但無論眼前是圍欄還是曠野，我們內心都需要有一根量尺，無論多高、多遠，都會作為丈量和超越自己的標竿。

　　安迪‧沃荷說過：「每個人都能當上十五分鐘的名人。」我們很慶幸今天所處的這個時代給了他肯定的呼應，讓每個懷才之人都有「遇」的可能，但也需要認清，沒有人一步就能抵達多高、多遠之地，只有去經歷更多的鍛鍊，擁有更多的經驗，逐漸明確方向，才能夠最終找到自己的歸屬和價值。

　　我們都有登上舞臺十五分鐘的機會，但十五分鐘之後是否還能留下，要靠你自己。

　　世有伯樂，亦有千里馬。伯樂常有，願千里馬常在。

試錯，不是錯

很多人都覺得高考之前那十幾年為了考試而奮鬥的日子，雖然看起來單調，卻是人生中最美好的階段。我很認同這個觀點，但理由卻不是因為那是最美好的時光，而是因為那是人生中目標最清晰的一個階段。

我們奮鬥的目標叫大學，它有一本、二本、三本的明確檔位，有嚴格的分數線以及明確的考試科目。每天有固定的上學、放學時間，更有老師和家長督促著你要學習。雖然沒有太多自由，但你知道要朝著哪個方向用怎樣的姿態奔跑，這是一條足夠明確的上升通道。

設想一下，你一直在玩一款遊戲，朝著一個目標堅定前進，以為那就是最終關卡，通關後卻來到一張嶄新的大地圖上。曾經引導你的NPC（非玩家角色）消失了，定時提示下一步該如何做的消息不見了，你站在一望無際的地圖上茫然失措。這個過程，像極了我們結束高考走進大學的過程，在終於擁抱自由的同時，也是很多人失去明確方向、走向迷茫的開始。

如果說進入大學的我和同齡人有哪裡不一樣，大概就是在走上這張大地圖後，我依然有一個堅定的方向。雖然這個方向不夠具體，但起碼路線清晰——我要去北京。這是我的執念，也是讓我沒有墜入迷茫的有力武器。

有了方向只是大方針，更重要的是制訂具體的計畫。當時身邊很多同學都會做計畫表，比如幾點起床、幾點讀書、幾點睡覺。早起、讀書、運動這些事可以用碎片時間來做，使之成為貫徹人生的良

好習慣。但我個人覺得，如果大學這個積蓄能量的階段計畫表裡只有這些，它們沒有為一個明確的大目標服務，很容易就會因缺失階段性的成就感而導致半途而廢。

大學時期，我也為自己列出了一份計畫。這份計畫是分階段的。

第一個階段的主題是：畢業後，我要去哪個城市，從事什麼職業。

為了讓計畫不是紙上談兵，不是心血來潮，我決定花時間真正體驗——開始試錯。

第一項體驗：在網路公司做行銷策畫。當時我的學校在江寧區，實習地點在仙林，在南京生活過的人一定能明白這是一段怎樣的距離。那幾個月，每天六點，當室友們還在熟睡時，我已經翻身下床洗臉刷牙，隨便抓一個麵包飛奔到校門口。先坐公車，再轉兩次地鐵，下了地鐵後再步行一段距離才能趕到公司打卡。每天的往返通勤時間近四個半小時。

　　第二項體驗：在某綜藝節目中當選手管理，簡稱「選管」。這份工作需要長時間熬夜，幾個月的時間裡，我每天都是在凌晨三點之後才能入睡。實習地點在上海，我需要攢夠足夠的高鐵費用，頻繁地往返於南京和上海之間，兼顧著學業和想體驗的事業。

　　第三項體驗：成為舞蹈演員。大學時在學校參加舞蹈社團的經歷，讓我學習了幾年街舞，教學樓區域的舞蹈房裡留下了我和小夥伴們太多的汗水。那時我經常參加比賽和演出，甚至把跳街舞當成謀生的技能來賺取生活費。雖然最後因為天分著實不足，它沒能成為我的職業選擇，但這個階段的體驗讓我有了一個重要發現──我很喜歡舞臺。無論是學校的報告廳還是演出的小舞臺，每次站在上面被聚光燈環抱的時候，我都會生出一種喜悅。原來我不畏懼舞臺，我喜歡被燈光照耀，我開始思考──今後我有可能從事和舞臺相關的工作嗎？

也許明天並不會因為我們的不斷嘗試而發生翻天覆地的改變，

但人生總是擁有無限可能，相信總有一天，

你會在一次次試錯中，找到屬於自己的星辰大海，

那裡一定藏著只屬於你自己的正確答案。

在不斷的試錯當中，我找到了自己計畫中第一階段的答案。「我想去北京，從事和舞臺相關的職業。」就是這個答案，堅定了我去北京的信心。

其實在我不斷試錯的每一個階段，都有不同的人告訴我：「你像無頭蒼蠅一樣到處亂撞、到處嘗試是沒用的，人要有明確的目標和清晰的方向。」我當然相信這個道理，但是人生中還有另一個很殘酷的真相：並不是所有人都能足夠幸運，可以在二十多歲的年紀找到一生篤定的奮鬥方向。我們不過是平凡的大多數，但從不甘於平凡，一直在尋找目標的路上。

從小到大，從來沒有一堂課，教過我們以後的路該怎麼走，於是，我們只能用自己的笨方法去摸爬滾打、不斷試錯。這個過程確實非常狼狽辛苦，姿勢也沒有那麼好看，甚至到頭來大多數努力只是一場空。可我依然感謝它，因為它讓我在準確地了解自己的目標之前，先找到了自己的不想、不肯和

不要。知道自己討厭什麼樣的工作狀態，進而能夠讓自己切實感受到，當下正在做的事情，自己是否願意為之花費時間和精力，是否願意為之奮鬥和奔跑。

試錯當然需要代價，這個過程中你會受到很多質疑與否定，會在一次次失敗中產生自我懷疑，甚至會被現實按在地上摩擦，留下難以磨滅的痕跡……但那又如何？現實從來不會為生命提供溫床，每個人都是一邊舔舐傷口，一邊在奮力奔跑。

試錯當然會有所失去，無論是時間、精力，還是熱情、野心，難免會在沒有收穫和成就時逐漸消解遠去。始終保持初心是很難的事，我常鼓勵自己——不要害怕失去，也不要為試錯帶來的失去過分傷心，認清了一條不屬於你的路、一個不屬於你的人，應該為自己感到慶幸。

試錯還需要趁早，不盡早嘗試，未來可能需要付出的代價和承受的壓力會更大，最後甚至會變成

對生活的厭惡和妥協。我很認同「年輕就是本錢」
這句話，這種資本當然不是金錢的代名詞，而是你
正擁有著很大的被包容度和犯錯空間。犯錯能使年
輕的我們積累經驗，經驗會在未來幫助我們快速做
出更加正確的決策，讓我們擁有更加從容的姿態，
去面對人生當中需要扛起的家庭重擔和社會壓力。

　　如今每每回想起過去自己走過的每一條路，我
都會有一種「如果沒有當初，怎麼會有現在的自己」
的感慨。這些年來，風不一定會吹向我的每一程，
很多時候，整個人是站在陰影中追著陽光奔跑，稍
微落後喘息一下，風雨便會打在身上，落魄無助。
如果在坐標軸上畫一條曲線來展示走過的路，它絕
不是一個簡單的一元二次方程式，而是一道九曲
十八彎需要不斷破解的難題。

　　但至少我很清楚，解錯了，不代表我們無能；
選錯了，也並不意味著人生從此就會一事無成。相
反，比起「錯」的結果，更重要的是「試」的過程，
它能讓我們更加強大、誠實地面對自己。我們不需

要強行說服自己擁有「做一行愛一行」的心態，只
有找到了那條最適合自己的賽道，我們才可以披荊
斬棘。

　　人生的考場上，考卷終究會發到我們每個人手
裡，但從來不會有一個定律叫做「只選 C」。也許
明天並不會因為我們的不斷嘗試而發生翻天覆地的
改變，但人生總是擁有無限可能，相信總有一天，
你會在一次次試錯中，找到屬於自己的星辰大海，
那裡一定藏著只屬於你自己的正確答案。

越自律，越自由

自從從事了自由職業，總會收到很多相同內容的私訊，而私訊裡的話，身邊的很多朋友也曾經說過：「房琪，真的好羨慕你，沒有通勤，也不用坐班，不需要每天面對固定而重複的工作，沒有『996』，也沒有 KPI。」

同為打工人，我當然理解大家日常工作中的辛苦、瑣碎和疲累，但就像這個世界上從來都沒有絕對的自由一樣，自由職業也是一個需要我們加上引號重新認識的人生選項。

正是因為沒有了制度和人的約束，反而需要我們對自己有更高的要求和更嚴格的規劃。因為**你**

就是自己的主管、監督員以及執行人，你要為所有的過程和結果負責。沒有了考勤制度，也沒有了獎懲機制，一切的一切完全依賴於你自己的自律和自覺。

曾經讀到這樣一句話：「不管幼時你有多少天賦和靈氣，到了三十歲的當口，可能都會慢慢淡化和流失，三十歲以後，支撐你走下去的，是你的判斷、理智、自製和專業。」閤上書，我對這句話深感認同。**任何人，靠天賦是沒有辦法走完一輩子的。**隨著年齡的增長、生活狀態的改變，我們會愈來愈發現最需要把控的是我們自己。譬如，如何不斷透過學習去和大自然及時間帶來的精力改變、記憶變弱做風險對沖，如何讓自己的天賦擁有專業和邏輯的加持，如何學習與時間以及自己相處。

現在回想起來，大學畢業至今，我最忙的時候應該是二〇一九年。那個時候，我每個月都要完成二十幾支影片的拍攝和剪輯。哪怕是對今天的我來說，這個節奏都是不可想像的，幾乎沒有時間是真

正屬於自己的。上了飛機就開始寫文案，到酒店的時候倒頭就睡，第二天睜開眼馬上開始拍攝，晚上回酒店繼續剪片子⋯⋯這樣的狀態持續了差不多有一年半的時間。我完全沒有辦法停下來，因為一旦節奏稍微放緩，既定的工作量就沒有辦法完成，所有的更新節奏也會被打亂。

那時候的我，幾乎把一切都給了工作，效率也非常高。現在回想起來，真的可以問心無愧地說一句自己做到了非常高標準的自律。杜絕了很多娛樂遊戲，每天卡著點過日子，每個階段需要完成什麼都是按照嚴格的標準執行。時間就是最值錢的東西。

那一年，我在騰格里沙漠等星河，在奧利洪島看貝加爾湖的藍冰，在巴西的綠茵場看梅西奔跑，在三藩市坐叮噹車感受加州陽光⋯⋯我的抖音粉絲突破七百萬人，全網粉絲超過一千萬人，我拿到了「旅行達人」的第一名，拿到了微錄主（vlogger）的獎項，被各大峰會邀請演講⋯⋯那一年，我飛行

了一百三十一次，飛過了二十七萬九千八百三十四公里，總共飛了兩萬六千六百四十分鐘。

　　但與時間賽跑的過程，總是需要張力存在的。我逐漸發現，自己這樣的狀態不能長久持續下去，我不能沒有自己的生活，不能不去吸收這個世界的養分，不能永遠在朋友相邀時說一句「對不起」，不能永遠把家安放在行李箱裡。於是，我開始從另外一個維度去重新思考、理解和定義時間。

　　過去的兩年，如果說有哪部電影讓我記憶尤為深刻，一定是《靈魂急轉彎》。如果問我為什麼會對這部電影有那麼大的感觸，我覺得是因為電影的主角喬・賈德納。他作為一名爵士樂手，之所以能夠創作出那麼多美妙的音樂，是因為生活為他的創作提供了最基礎的養分和支撐。他需要感受到花香，看到人和人之間的關懷，聞到美食的味道，吃到那口披薩，才能創作出有感情的東西。我逐漸意識到，每一個內容創作者都是一樣的，是離不開感

情的。而感情來源於生活，來源於更多的感官刺激、連結和體驗。如果我沒有時間去感受了，終有一天會變得麻木僵硬。

也是從那一刻起，我做了一個決定：重新調整自己的步調，也希望透過重新定義自律與時間的關係，讓自己的創作生命力延長得久一些，再久一些。

現在的我，同樣覺得時間很寶貴、很值錢，但已不僅僅是要在單位時間內完成多少數量的任務，而是人生短暫，我既可以用它來實現我的個人價值，也可以用它來陪伴家人，多給自己一些花香、一些感受。

當然，此時此刻之所以能夠說出這些話，是因為我已經經歷過了那個一心奔跑的時期。我也依然相信我們每個人的人生，都需要一個加速奔跑的階段去讓自己快速成長，就像我曾經走過的二〇一九年。

因為年輕的時候，我們往往沒有那麼多選擇的空間和能力，很多事情都需要自己勇敢地站出來，

去跟這個世界叫板，為自己儲藏更多的資本與能量。直到慢慢成長到一定階段，我們有更多的選擇時，時間價值才會變得更高，能握在手裡牢牢掌控的事物，才會愈來愈多，才可以更多地去選擇自己想要什麼、不要什麼。

時間是有節奏的，當它走得快時，我們也得加快步伐。如果前期沒有積累好可供自己選擇的基礎，那麼我們只能永遠被動，永遠很難主動選擇，最終被時間拖著往前走。還沒來得及去感受生活，就已經被生活的焦慮所困擾。

每一個階段的人生節奏，都是由一分一秒的時刻組成的，過好這些時刻非常重要。比如，我總會拒絕一些無效社交，因為無效社交並不僅僅是說這場交流對我的工作沒有任何幫助，甚至是對個人生活也沒有任何助益。並非你跟別人一起吃個飯就會快樂了，就會覺得人生有意義了。很多時候，這頓飯是可吃可不吃的，這個人是可見可不見的，將時

間浪費在這些事情上,在我看來是毫無意義的。除非你覺得這些符合你內心真正的快樂原則,且真實、有效。

　　我很認同一種說法,擁有吃苦的能力並不是要在時間的維度裡去過苦日子,而是能戰勝時間帶給我們的一次次挑戰和挑釁。長期對一件事情保持高度關注,擁有長期聚焦的自制力,且能夠積極地調整自己在不同時間維度下的狀態,用自律和專注約束自己的行為,這才是真正辛苦的事情,也才會真正給我們帶來只屬於自己的自由。

每一個階段的人生節奏，
都是由一分一秒的時刻組成的，
過好這些時刻非常重要。

擁有被討厭的勇氣

　　最近一直在重讀岸見一郎和古賀史健先生所寫的《被討厭的勇氣》，裡面有一句話我很喜歡：「被討厭的勇氣並不是要去吸引被討厭的負向能量，而是如果這是我生命想綻放出最美的光彩，那麼即使有被討厭的可能，我都要用自己的雙手雙腳往那裡走去。」

　　我被這句話深深打動，因為我知道，自己並不是一個天生就討人喜歡的人。成長至今，如果說有哪個地方是我最不自信的部分，答案一定是人際關係，尤其是長期生活的團體中的人際關係。高中時，因為與好朋友吵架產生隔閡而被大家孤立的經歷，

一度給我留下了不可磨滅的印象。而大學學生會時屢屢被排擠的情況，更是讓我本能地對人際交往產生抗拒。

以前每當回想起這些，我總會認為這是別人的問題，但如今再回頭看，裡面一定也有我的責任。就像有句話說的一樣：「每一把刺向你的刀，都是你親手遞給別人的。」在團隊中，我不是一個柔軟的人，喜歡快速做出決定和判斷，不擅長協同作戰，更相信自己的選擇。因此很容易在無形中傷害到別人，或者沒有辦法第一時間顧及別人的感受。這是不爭的事實。

我一直認為，有兩種人與團隊生活非常適配：一種是不太在乎自己存在感的人，他們不喜歡站在臺前表現自己，會主動遮掩起自己的光芒，故而不太會輕易引起別人的目光和質疑；另一種是情商很高的人，他們可以讓每個人都覺得舒服和融洽，在每個人都喜歡與之共事的同時，自己也能夠大放異彩。以上兩種特質我都非常欣賞，一種關乎選擇，

一種關乎能力。

隨著經歷的事情愈來愈多，自己也愈來愈成熟，我開始意識到，很多問題的解決方式並不是只有簡單粗暴一種，這個世界上原本就不是只有極端的喜歡或者極端的討厭。被人喜歡不是一項我生來具備的天賦，卻是實實在在擺在我面前的一個課題，我不可以一味放任視而不見，或者只用「沒辦法，我就這樣了」來麻痺自己。我們沒辦法也不可能把自己活成一個一腔孤勇的將軍，隻身一人衝進戰場，我們需要背靠背的戰友。

摔過跤跌過跟斗之後，我猛然發現，更喜歡自己的判斷的另一面，往往意味著我們沒有給予他人足夠的信任，天然對別人的想法有所質疑，沒有辦法很放鬆地把事情交給別人來完成，而事必躬親最後的結果，也必然會導致自己精力和時間的過度消耗。讓自己背負全部的壓力，身邊人也會因為無法得到信任而離去。因為人一旦在人際關係中確認了「只有我是正確的」的念頭，就讓自己活在了競爭

之中，進而演變成了「我必須正確」。

　　單槍匹馬去衝鋒陷陣這件事情，只適用於人生中的某一個階段，不可能應用於全程。我們總是要在路上遇見所愛之人並肩前行，需要柔軟地去安撫自己與他人的情緒。工作和事業同理。當我們發展到一定階段，想要突破現有的格局，取得更好的成績，靠自己一個人的力量是根本辦不到的。一個人可以在精神上足夠強大，支撐起一支隊伍，但一個人沒有辦法在實踐中承擔起全部的任務，我們必須找到最合適的人，完成最優的排列組合。

　　我們每個人都需要在自己的人生中完成一個名叫「自我接納」的過程，而其中最為重要的就是學會關注「我是否可以為自己變得更好」。學會與人共處，終極目標不是被所有人喜歡，不是期望滿足別人的期待，更不是去取悅別人，而是讓自己成為一個更好的人，一個可靠的、值得信賴和尊重的合作夥伴，可以創造出讓自己和他人都覺得舒服的狀

態，可以放心共事，彼此交與後背而不會給人帶來壓力和負擔。

正如《被討厭的勇氣》一書中提到的，如果能夠體會到「人人都是我的夥伴」，那麼對世界的看法也會截然不同。不再把世界當成危險的所在，也不再活在不必要的猜忌之中，你眼中的世界就會成為一個安全舒適的地方，人際關係的煩惱也會大大減少。

但我們永遠沒有辦法讓每個人都喜歡自己，終其一生都沒有辦法辦到。「別人是否討厭我」是別人的事，但「我是否讓別人討厭，我是否喜歡自己」卻是我們要去寫下的答案。

我想，找到喜歡的自己，一定是從「不喜歡」的狀態開始；去尋找獲得幸福的勇氣，其中也一定包括「被討厭的勇氣」。

與情緒和平相處

「情緒不是你對世界的反應，情緒是你自己建構的世界。」這幾年，每當情緒波動起伏時，我都會拿心理學家麗莎・費德曼・巴瑞特說過的這句話來觀照自己。一個人的成熟，有很多衡量的尺度，但我覺得最重要的一點，是能夠與自己的情緒和平相處。

人的每一個判斷和決策，都是理性本能和動物本能互相戰鬥的結果，而情緒就是我們身體裡那頭凶猛的怪獸，它跌跌撞撞地衝過來，常常令人難以招架。但與此同時，情緒的顆粒度也很細微，當它細膩地流淌至全身時，我們甚至連呼吸都難以順

暢，比如：遭遇拒絕會擔心有宏大的失去，害怕孤獨會引發更多對生活的恐懼和冒險，失敗容易導致失望，自卑容易讓人陷入迷茫。

誰都沒有辦法避免來自情緒的考驗。

我也有過很多被他人情緒和自我情緒挾持的時刻。剛剛組建自己的小團隊時，我開始學著嘗試和初出茅廬的畢業生們一起合作，起初我總會抱著一份帶學徒的心態，想著「你不會的，我教你；你不知道的，我告訴你」，但這樣事無鉅細地帶人並沒有收穫我預想中的效果，反而把自己搞得非常疲倦。

因為付出和投入了太多精力，我總希望可以從對方那裡得到同樣正向的回饋，希望看到他們進步和成長，希望他們能夠理解我的付出。可我一次次地掏空自己，結果卻總是充滿失望。

很多時候，面對困難他們會把非常強烈的情緒直接甩到我面前：「為什麼你對我會有那麼多的要

求與不滿？」「為什麼這份工作和我想像中的不一樣？」「我已經很努力了，為什麼你卻看不到？」最後的結果就是兩敗俱傷。我並沒有任何責怪他們的意思，也恰恰是在這樣的磨合中，我更加懂得了情緒價值的意義。**我們每個人都一樣，無論是什麼樣的社會角色或者職場身分，都應該盡早學會收斂情緒，尤其是那些傷人傷己的情緒爆發。沒有人會願意選擇一個隨時可能爆發情緒的人留在身邊，作為自己的團隊成員或者合作夥伴。**

我曾經也是一個因為自我而被情緒左右的人。自我就像一套行為準則，概括了我們在某一刻的喜歡、厭惡以及習慣。比如，在拍攝的路程中偶遇一次非常美的夕陽，我就會很想馬上找到相機把它拍下來，但美景往往轉瞬即逝，換鏡頭的間隙裡再抬頭，夕陽已經被雲層遮住。每每這時，我都會非常沮喪：「為什麼沒有拍到最好看的那個瞬間？」急躁情緒會第一時間跑出來。但慢慢地，我越發感

受到心智成熟和情緒穩定，對於工作來說簡直太重要了。因為只有不被情緒蒙蔽，不被周圍的聲音所影響，不陷入糾結的死胡同，我們才能更加清晰地發現事物的本質和價值，更能明白自己為什麼會選擇當下的工作，自己的目標是什麼。

於是，當再次與路上的美景擦肩而過時，我處理急躁情緒的辦法就是告訴自己，旅行和人生一樣，不可能事事美好、事事順利。雖然它們未能收錄到影片中，但那些瞬間已經留在了我的眼裡和心裡，也許轉瞬即逝的風景也是在告訴我們，此時此刻，只想與你共享。

　　除此之外，我也在嘗試去放慢節奏、放緩腳步、放平心態。著急的人生勢必會被更多的兵荒馬亂填滿，當人身處雲霄飛車般的狀態之中時，又怎麼能以平靜的心態和情緒來面對未知？急於求成的背後，或許只是搖擺不定的底色與根基。每天被急躁和不安包裹著，也難以擁有積極健康的狀態和身體。

　　而這些有關心態上的準備，對於剛剛畢業即將一腳踏入真實人生的同學們來說，顯得更為重要。鮮衣怒馬的少年氣質當然是美好的，它不應也不該被現實社會所磨滅，但想要策馬揚鞭得更遠、更久，除了保持銳氣，還需要內心強大和足夠專業。要在一道道關卡中馴服自己的情緒，讓專業先行，學會去迎接所有未知的考驗和挑戰。

　　所謂成長，不就是把哭聲調整為靜音的過程嗎？而情緒本身，其實並不是我們對世界的反應，只是自己構建的世界。事物本身是不帶有任何情緒的，是因為人的信念系統對事物加以判斷，才產生

了情緒。隨著我們的信念系統逐步完善，情緒也會變得更加穩定。當然，別著急，所有的建構與平衡都需要經過磨礪。

願成長的抵達之處，我們終能遇見這十六個字：「迷而不失，驚而不亂，苦而不言，笑而不語。」

關於賺錢的那些事

記得看過一組資料調查，近七成大學生覺得自己畢業十年後可以年薪百萬。這則報導，引發了我很多的思考和回憶。的確，我在大學剛剛畢業初入職場的時候，甚至是辭去主持人工作轉行自媒體之初，對錢是沒有太多概念和足夠理性的認知的。那個時候因為選擇權有限，甚至沒的選，我只能抓住自己手邊僅有的稻草，不敢錯過任何一個可能。渴望賺錢，也渴望平臺和機會，所有的認知和理解都是摸著石頭過河。但我始終記得實習的時候老師說的那句話——錢很重要，可以讓你在這個城市過得不那麼狼狽。

所以真的很想聊一聊關於賺錢的那些事，以下是我的幾點思考。

一、千萬不要不好意思談錢。

錢很重要，我們出來工作很大一部分原因就是要賺錢的，它或許不是所有的目標，但一定是其中的一項重要的結果。這是一個不爭的事實，不必羞於承認。憑自己的本事安身立命，光明正大賺乾乾淨淨的錢，讓自己和家人活得更有選擇權，更能夠抵抗生活中各種意想不到的衝擊和風雨，是一件非常值得驕傲的事。

賺錢可以不是我們做職業選擇和專案合作時的全部判斷依據，但一定要成為判斷因素之一。哪怕我們剛剛走出校園的時候還沒有太多議價的資本，不得不做出妥協，依然要在心中抱有關於錢的正確理解和態度。人的行為都是依託於觀念和認知的，只有有了清晰的方法論，才可以真正做到從各個維度對當下的工作前景和未來做更全面的利弊評估，

而不是只看得到眼前十米的距離。

　　與此同時，項目合作的時候，也不要覺得直接談錢是一件不好開口的事。金錢本身不需要承載那麼多的意義，它只是一種度量衡的工具，讓雙方都能對這份付出有等價的認知、信任和尊重。

　　二、賺錢的目的是讓你有些錢可以不用去賺。

　　我非常喜歡劉玉玲曾經提到的「去你的基金」，這是讓人在面臨公司裁員，或者任何因為金錢被脅迫去做違背自己心意的事情的時刻，可以瀟灑轉身的底氣。

　　我們都知道，這個世界上根本就不存在絕對的自由，窮其一生，我們會捉襟見肘、左右為難的時刻實在太多了，生老病死，愛恨難得。「想做什麼就做什麼，萬事萬物憑我心意」，那是小孩子的童話世界。但也正是如此，我們才格外渴望也格外珍惜自由，從輾轉騰挪中得到那一份可以做到的「我喜歡」和「我願意」。

　　所以，我們每個人都在拚命去期待和追尋的那份限量版的努力賺錢和財務自由，就是希望有一天我們可以不為「錢」而工作。有些事我們可以不去做，有些話我們可以不必說，有些人我們可以不用理。做決策的時候可以不違背自己的本心，不依賴於任何人的決定，不動作變形，不在愛情中摻雜委屈和討好，不在友情中混入利益和算計，真正做自己的靠山，有膽氣和底氣。

　　誰說錢不重要？

　　三、你是真的賺不到自己能力之外的錢的。

　　量力而行，是我這幾年來告訴自己最多的一個詞。我們是真的做不了自己認知之外的事，也賺不到自己能力之外的錢。回到文章開頭的那個問題，我常常在想，為什麼現在的大學生會比我們那個時候對未來工作的薪酬有如此光明的期許？我想很大一部分原因是新媒體時代的崛起，讓成長和晉升的路徑發生了變化，很大程度上縮短了我們肉眼可見

的週期，也不可否認身邊已經有人在賺錢這條路上實現了彎道超車。但一切真的如此簡單嗎？真相未必見得是這樣。

風始終在吹，從未停過，風口也一直都在，和風起舞的神話不是直到今天才出現。一直以來，任何行業做到頭部很大機率都會有不錯的收益，但能夠做到頭部的人鳳毛麟角。當然，我們必須承認不同職業之間收入的底板和天花板會有高低的差別，但人最可怕的一項錯覺就是認為「別人都行，我也可以」。有些時候我們不得不承認自己就是辦不到。得出這個結論不是要讓我們沮喪甚至絕望，而是對自己有更清晰的認知：你是誰，你擅長什麼，你應該在哪裡播種並真

我非常喜歡劉玉玲曾經提到的「去你的基金」，
這是讓人在面臨公司裁員或者任何因爲金錢被脅迫
去做違背自己心意的事情的時刻，可以瀟灑轉身的底氣。

正有所收穫。有時候不是你不行，而是你在茫茫草原跑丟了。

四、不要相信一夜暴富的神話。

別著急，真的不要太著急。倖存者偏差一定存在，但那需要天時、地利、人和，缺一不可。換個時間、地點，同一個人重來都未必會有同樣的結果。誰說運氣不重要，運氣有時候真的太重要了。很殘酷——生活中還有一個真相，就是不要總想著創造奇蹟，如果奇蹟真的那麼容易被創造，就不叫奇蹟了。「大風颳來」的故事一定會有，但不可複製。

此外，還有一個深層次的因素經常被我們忽略，那就是很多一夜暴富的故事背後其實是另一個多年扎根的故事，是很多年的默默無聞而後才迎來了厚積薄發的質變。但這樣的故事遠沒有一夜封神的戲劇衝突更吸引眼球，所以很難在一片熱鬧中被看見。因此我們不僅要學會用自己的眼睛去看、耳朵去聽，還要始終不放棄用自己的頭腦去思考。

　　因為無論到什麼時候，對表象的總結都不能替代對本質的剖析。

　　對於金錢這個話題，很多年輕人常會把它誤讀成一種「硬氣」，在工作中稍稍受一點委屈就撂挑子不幹了，被網路上那些「隨心所欲」的觀點影響，對工作產生排斥，對上下級關係感到牴觸，對學習、提升沒有興趣，只想快速賺錢。

　　李誕曾經說過的一句話讓我記了很久，他說大家總是在討論站著掙錢還是跪著掙錢，但其實都不是，成年人往往是商量著掙錢。

　　你不需要為了賺錢卑躬屈膝，但也不要覺得只有站著掙錢才符合年輕人的脾氣。在明確金錢重要性的同時，根據自己的實際情況調整在工作中「提升自己」和「賺錢」的正確配比，讓自己擁有更高的價值，才能坐到更高的位子上，來和更有話語權的人「商量」。

但也絕不是一座孤島

你不可能被所有人喜歡，

Part 4

找到和你
同頻共振的那些人

以家人之名

　　我生於東北一個普通家庭，小時候在爺爺奶奶身邊長大，因為奶奶做服裝生意很成功，所以我小學時過得很富足。

　　長大後，我回到老家和父母一起生活，父母經濟條件不太好，雖然我從來沒有在吃穿上受過委屈，但我清楚家裡的每一分錢，父母都掙得非常不容易。

　　上初中時，媽媽失去了工作，沒了收入來源，爸爸也因為身體問題時常跑醫院，本來條件就一般的家庭，經濟狀況更堪憂了。

　　媽媽嘗試找新工作但四處碰壁，把自己關在臥

室裡偷偷哭了好幾次。爸爸身體有所好轉後，就在家門口賣賣魚餌漁具，希望能賺一些家用，但生意很差，從早開到晚，時常等不來一個顧客。

那時家裡沒有多少積蓄，還得供三個人的吃穿用度，供我上學，錢很快就花得差不多了。奶奶為了不讓我跟著爸媽受委屈，時常會補貼我們，但那時奶奶年紀也大了，服裝生意不做了，需要留著積蓄養老。而且我爸媽那個歲數了，還伸手拿家裡人錢，確實拉不下這個臉。所以媽媽決定賭一把，帶上家裡僅剩的錢坐火車去廣州進貨賣服裝。從此，她開始了漫長的遠距離的兩地奔波。

一年暑假，媽媽帶我去過一次廣州。從齊齊哈爾坐大巴到哈爾濱，又坐了三十四個小時的綠皮火車硬座到了廣州，到了賓館已經快半夜了。

那時我才知道，此前媽媽口中提到的「住得還不錯的旅店」，原來長這樣：旅店招牌上的四個霓虹燈大字，只剩下一個還在掙扎著閃爍微弱的藍光；旅店沒有電梯，逼仄的樓梯狹窄到兩個人無法同時

通過；房間裡的空調不冷，只能吹出一股帶著刺鼻味道的風；屋裡只有一張床、一把椅子、一臺和筆記型電腦差不多大的電視；廁所下水道泛出刺鼻的怪味；床邊長著密密麻麻的黴點，被褥都是潮濕的。媽媽從前是個多愛乾淨的人啊，家裡總是被她收拾得乾淨整齊，陽臺上都是衣服曬乾時洗衣粉留下的味道。可就在這樣的地方，為了我和我們這個家，她斷斷續續地住了四年。

她進貨的地方，距離賓館兩公里，為了省錢，她每次都選擇步行往返。那天，我們拎著四個大黑袋走回住處，袋子已經被衣服塞得滿滿。我落在後面累得實在走不動了，看著前面一百五十公分的媽媽，不知道她哪兒來的那麼大的力氣。突然，她轉過身來，接過我手裡的袋子往前走，她一直走，一直走，沒有停，因為一旦停下來，可能就走不動了。

我在後面看著她淺灰色的短袖被汗水浸透成深灰色，轉過頭眼淚就怎麼也忍不住了，劈里啪啦地就往下掉。那個不高大卻很勇敢的小個子背影，從

此就印在我的腦海裡，永遠也出不去了。

　　從進貨的地方回旅店的路上，有一家味千拉麵，我早就聽朋友們說過這家連鎖店，但從來沒有吃過。每次路過的時候，我都忍不住多看幾眼，我以為自己隱藏得很好，但還是被媽媽發現了。回家的前一天，她帶我來到了這家店，我站在門口不敢進去。

　　我被她拽了進去，坐在窗邊的位置上小心翼翼地翻開菜單。我點了一碗酸辣麵，她點了一份炒飯，還有兩杯免費的冰水。我嘴上說不餓，卻把麵湯都喝乾淨了，可她吃了兩口就不吃了。她跟我說：「確實不好吃，媽不愛吃，你快吃了，別浪費。」

　　「我也不吃，你才吃了兩口，你根本沒吃飽。」

　　「我真不想吃，我早飯吃太飽了，根本就不餓。」

　　我別過頭去看向窗外：「你不吃，那我也不吃，就放這兒吧。」

　　我倆半天誰也沒動筷子，那碗炒飯就放在我們

中間變涼了。媽媽拗不過我，把炒飯端起來。我聽見她緩緩地開口，帶著一點對女兒敞開心扉的拘謹和羞澀，說道：「委屈你了，等以後有錢了，媽帶你吃好的。」

爸爸媽媽，你們委屈過我什麼呢？是我不爭氣，讓你們受委屈了。是的，我不相信媽媽早飯吃得太飽，因為從小到大，他們和我說過太多這樣的話。

媽媽說她不喜歡吃肉，只喜歡吃菜，所以肉永遠都在我碗裡。

爸爸說他在國外打工那幾年過得很好，坐在辦公室上班，什麼都不缺。後來我才知道，他的工作是在搬家公司幫人搬家，每天背著幾十公斤重的桌椅板凳、家具電器爬上爬下。

上初中那時家裡最困難，他們總說：「不用擔心，家裡有錢，你的學費肯定沒問題。」大學畢業了我才知道，那時我的學費，都是家裡親戚幫忙付的。

他們說了那麼多謊，是為了讓我能心安理得、

沒有負擔地接受他們給予的一切。

　　很久很久以前，當我的羽絨衣袖口被刮壞，媽媽幫我縫了個補丁卻被同學開玩笑說我是丐幫長老的時候，我也曾因虛榮心作祟偷偷埋怨過，為什麼我沒能生在一個富有的家庭，可以每天穿漂亮的衣服、名牌的鞋。但我很快就不再這樣想了，因為我知道，袖口的那個補丁，是我媽用好幾個小時繡上去的小雛菊，是這個世界上獨一無二的一朵。

　　我們或許都曾抱怨過，為什麼別人能出國旅行，自己卻連飛機都沒有坐過？為什麼別人能穿名牌的衣服，自己卻連買一雙普普通通的運動鞋都要猶豫幾個月？為什麼別人可以吃著豪華的大餐，自己卻連一家裝璜還不錯的餐廳都不敢走進去？可是，你知道嗎？當我們抱怨老天沒有給自己一個良好出身的時候，父母也在自責自己沒能力給得起你更好的生活。

　　我並不認為有情飲水飽，只要有愛，哪怕過得

貧窮也幸福。進入社會之後，我更加明白，豐厚的經濟收入是讓自己相對自由的前提。做喜歡的事，賺可觀的錢，讓愛的人過得更好，符合這個世界的生存法則。

但這並不意味著可以心安理得地向父母索取金錢。抱怨出身，是弱者無能的表現；逆風翻盤，才是強者無聲的爭辯。

當你能花自己賺的錢，帶他們去看他們未曾見過的世界，給他們更好的生活時，你會發現，這才是世界上最酷、最有成就感的一件事。

我完成這件最酷的事的時候，是二○一九年十二月。

那段時間，腦海裡一直回想著小學某次放學，爸爸帶我去吃肯德基作為獎勵。我點了份套餐，他卻只要了一個漢堡，嘴裡嚼著漢堡時，他說：「在日本打工時很不喜歡吃漢堡，因為一個吃不飽，兩個又太貴。」當時，我只覺得爸爸的聲音有點大，

怕旁邊的人聽見「漢堡貴」而丟臉，卻從來沒有想過，他在日本過的是什麼樣的日子。

　　大阪，是十幾年前爸爸打工的地方，他一直說想回去看看，卻因捨不得旅行費用一直未能成行。於是二〇一九年的十二月中旬，我推掉了所有的工作，帶爸媽遊覽了爸爸曾經住了兩年的地方——大阪四條畷。他租住的房子，在一條通往神社的筆直山路的山腰處，我們來來回回走了好幾圈，他才認出來那間門牌號 203 的小屋子。他戴著老花鏡，拿出雙肩包裡準備好的老照片，回憶著曾經的歲月。

　　在他的描述中，我想像著他房間的樣子和他以前的生活。十平方米左右的小臥室，為了省錢，選擇和另一個租客合租。進了屋子有兩張床，夏天的房間裡，被子潮濕得可以擰出水來。床邊有張很小的桌子，他在那裡寫了一本厚厚的日記。初中時，我曾經偷偷翻看過，日記裡面大半的內容都是關於我的，其中有段話我印象很深刻：「聽說房琪在學校的朗讀比賽中獲得了優秀獎。孩子聰明，希望能

用到正路上，長大可以做一個正直的人。」

爸爸去日本打工時已經三十幾歲了，當時的他不會一句英文，日語學起來也極慢。那時，他一週要打幾份工，一份在搬家公司，一份在地鐵站旁邊的咖啡店幫人洗盤子，還有一份在郵局，負責分揀信件。從出租屋往外走，他指著左手邊不遠處的石階和我們說，那時每天最高興的時刻，就是下了班買一罐啤酒，慢悠悠地走回家，坐在這個石階上，喝著啤酒，藉著昏黃的路燈在腿上墊個本子給我寫信。

二〇一九年陪爸媽去日本旅行，我也想盡我所能，給他們最好的一切。我們去了北海道泡溫泉，住在有私人溫泉的酒店，不必再為了省錢擠在偏遠狹小的空間；我們去吃了道地的懷石料理，不用因為菜單上的價格而尷尬離開。雖然媽媽的內心仍會有些忐忑，問我「要不要吃點便宜的？」，但只要想起爸媽走進酒店房間時那開心興奮的表情，我就會覺得很滿足、很值得。他們臉上新奇又略顯不安

的表情，也讓我心疼地發現，自己強大起來的這一天，應該再早一些。

　　這個世界上有千萬種聲音，也有太多種選擇，但總有那麼兩個人始終站在你的身後，是最後的鎧甲和支撐。他們從不會說你不夠好，永遠會原諒你的小脆弱，會告訴你累了就回家，但永遠會為你的放手一搏鼓掌加油。他們用自己的全部去愛你，然後告訴你，你可以不用多成功，但一定要正直和善良。你或許不會擁有一切，但在他們的世界裡，你永遠是最重要的主角。

歲月神偷

二〇二二年五月十七日下午六點三十五分，我的奶奶離開了，享年八十二歲。一大早，我從海南趕回齊齊哈爾，天亮後去送她最後一程。

該從哪裡開始講我和奶奶的故事呢？

一九九八年，我去大連和爺爺奶奶一起生活，住在沙河口區同泰街天興花園，那一年我五歲。當時爸爸和奶奶在勝利廣場租了一家店鋪賣服裝。店鋪在地下一層，叫休閒角。每次放假我都會去店裡，搬個小凳子去地下三層看演出，用奶奶給的錢去湯姆熊歡樂世界玩敲鼓。我自由自在、物質和精神雙富足的幸福童年，就從那裡開始了。

　　這個老太太有多寵我呢？

　　小時候的我不長個兒，她擔心我以後長不高，會在二〇〇〇年的時候就捨得買幾百元一盒的牛初乳給我喝；我人生的第一張VCD是蔡依林的《Don't Stop》，第一張遊戲光碟是《仙劍奇俠傳》，都是奶奶買給我的；每個週末她都會帶我和鹿鹿姊去海洋公園或者遊樂場，麥當勞和肯德基裡的漢堡，只要想就總能吃到；送我和姊姊去少年宮，從相聲到美術再到表演，只要我們喜歡，她一定全力支持。

　　後來我們回到齊齊哈爾，和奶奶家住在同一層做鄰居。從初中到高中，我每天上學前，都能透過窗戶看見奶奶在廚房裡做早飯，衝我揮揮手讓我快點出門，不要遲到。

　　大二那年，奶奶和爺爺到南京看我。她在貼身衣服的內側縫了一個口袋，從裡面掏出了五千元的現金，說：「孫女長大了，不能缺錢花，要買好吃的，買好看的衣服。」收拾遺物的時候，我在奶奶藏寶室一樣的房間裡，翻到了一個秦淮人家的浴

帽，恍惚想起當時入住的酒店，就是「秦淮人家」。
圖中的兩對腳丫是我倆的，那是我第一次帶她坐南
京那種收費比較高的計程車，奶奶請我的。

　　再後來，我畢業了，工作愈來愈忙，回家次數
愈來愈少，生活裡多了很多新鮮，也多了很多煩惱。
我不再是需要被保護的小朋友，走了很多的路，看
到了很大的世界，家人也不再是我生活的重心。我
一天天豐滿著自己的羽翼，卻沒有看到家人也正在
一天天地衰老。不知道從什麼時候開始，他們的全
部生活和期待就變成了「等孩子們回來」。還是那

個廚房的陽臺，奶奶迎來送往，懷著期待和欣喜等
孩子們回家，又帶著傷感紅著眼眶揮著手讓我們不
要牽掛。

　　直到馬不停蹄趕到家門口看到亮著燈的廚房，
我突然明白，那個堅強的、脆弱的身影，再也不可
能出現在那裡了。

　　一進家門，我就去了奶奶的房間，還是她生前
的樣子，屬於她的氣息好像也還沒有散去。我很少
看見奶奶的房間這麼明亮，因為她捨不得開燈，對，

她捨得給我買幾百元錢的牛奶，但不捨得給自己開一盞明亮的燈。她總是開著床頭的小燈，然後拿一個手電筒四處照。也是直到這一刻，我才看清她的「藏寶室」，裡面有我過年時買給她的肉鬆，有鹿鹿姊送的助聽器，有很多個包裝袋，很多空的水瓶，有我的小學學生證，有我小時候玩過的洋娃娃，有她從大連帶回來的二〇〇〇年的《大連晚報》，有子女兒孫送給她的每一份禮物。

有了微信之後，奶奶每天最大的樂趣就是發朋友圈和給我們的朋友圈點讚。每天早上收到被點讚的消息，不用想都知道，一定是她。奶奶去世那天，她的最後一條朋友圈是轉發了我的影片；前一天是

我給她買的新衣服，她說等天氣暖和了再穿。我怎麼也想不到，有些「等一等」，就是一輩子。

奶奶的手機我已經好好地保存了起來，打開手機，我發現她的最後一張照片是離世當天中午拍下的自己的血壓。奶奶的血壓常年居高不下，降血壓藥也於事無補，一月份住院的診斷報告上，寫滿了十七種病症。但她總是對我笑，絕不開口提自己的不舒服，現在想來，那些因為病痛而難以入睡的日夜，她該有多無助。

奶奶很聰明，八十二歲高齡不但能熟練使用微信、抖音，還會自己給自己發微信做記錄。打開她和自己的對話，滿滿的都是今天哪裡難受，血壓多少，吃了什麼藥，但這些話她很少和兒女說起。最讓我對這個堅強的老太太敬佩的，應該是手機中她和自己的這段語音對話，她說：**睏得要命，我得堅持；想活著，就得堅強。**

奶奶去世後，我請瑪律康昌列寺的僧人做了七七四十九天的超渡。第三天超渡後，寺廟門口下

起了雨，雨後出現了一道非常漂亮、橫跨兩山之間的彩虹。我想，這應該是某種吉祥吧。

坦白講，這幾年奶奶對我並不總是惦記，因為她知道我能照顧好自己，也能照顧好爸媽，只是擔心我會太累。

二○二一年二月五日，我生日後的第二天，爺爺去世了。五月二十九日，是我的婚禮，奶奶來送我出嫁，那是她最後一次出遠門，最後一次隆重打

扮拍照片。當時的她精氣神很足，說會帶著爺爺的那一份愛好好活著。婚禮結束後，奶奶抱著我，囑咐我在婚姻裡，要做一個明事理、懂得關心人的妻子。她知道我從小被她寵大，很多事不懂得照顧他人的感受，容易沒有分寸。

　　沒有成為奶奶臨終時放心不下的牽掛，給了她一點安心，也給了我一點點欣慰。

　　去年做有關奶奶的影片，她擲地有聲地說：「我

這一輩子，沒有任何遺憾了。」但是奶奶，我有啊！我有好多好多遺憾啊！

比如爺爺走後，我說想帶你回大連看看，你說爺爺還沒過百日，要再陪陪他，今年過年我又提起了回大連的事，你說等暖和了就去。從家裡離開的那天，我給你發微信，告訴你等天氣暖和了我們就去大連。你說：「好嘞，孫女，奶奶等著。」齊齊哈爾的天氣變暖了，但是奶奶再也等不到了。

比如去年春天我說帶你去公園，你像個小朋友一樣來敲門，說：「我們走嗎？不是要帶我去公園嗎？」那天因為工作太忙，最終還是沒能由我帶您去。

比如我是那麼著急地裝修新房，就是想讓你可以來住兩天。裝櫃子的時候我就在想，奶奶如果來了，一定有很多地方可以放東西，所以我打了一個好大的櫃子啊。可是你不會再來了。

他們說不能哭，因為你聽到哭聲就會捨不得走了。可是怎麼辦呢？我真的還沒有做好準備，沒有

做好你和爺爺都離開的準備。在你們年輕健康時我沒有能力，連輛貴的計程車都不能帶你們坐，現在我有錢了，可以帶你們出去玩了，有能力照顧你們了，卻再也沒有這個機會了。

奶奶最喜歡花，總會種下滿屋子的花，她養的那株曇花開了好多次，每次都很飽滿。出殯那天，我在烈士陵園旁邊的野地裡就地取材，編了一束小花送給她。

小三天在烈士陵園燒紙的時候，發現身後有一棵非常茂密旺盛的山荊子樹，姑媽說小時候他們常常撿山荊子的果實來吃。奶奶，守著這一樹，到了秋天，就有的吃了。

還想用很多文字來描述我的奶奶，一個勇敢、堅強、清醒、果斷、與時俱進的老太太，一個很不一樣的老太太。

歲月是神偷，可它從來沒有本事把回憶盜走。

二〇一三年我教奶奶發簡訊，奶奶給我發的第一條簡訊是：祝你快樂，祝你旅途愉快。

　　奶奶，您這趟旅途愉快嗎？請您一定要去沒有病痛、更幸福的地方，好嗎？

　　奶奶，祝您旅途愉快。

那些最感激的人教會我的事

　　我們的人生中一定會有那麼一位對我們影響至深的人，可能是家人，可能是師長，也可能只是幾面之緣的陌生人。拋開基因傳承、血脈相連等先決條件，他們的人生態度、故事和經歷，也在潛移默化間建構了我們最初的世界觀和方法論。他們是我們的來處，也影響著我們轉身前行的方向。

　　如果你問我成長過程中最感謝的人是誰，答案是我的爺爺。並非因為他曾對我付出了多少愛，而是他用自己瀟灑自由的生命態度，影響了我作為後輩的人生。

　　小時候，受爸媽工作的影響，我和爺爺奶奶

生活了一段時間。那時候爺爺剛退休不久，但即使退休了，他每天的日程依舊很滿，練習書法、下圍棋、拉二胡，還會一個人躲在廚房裡關著門練習《賽馬》。

那幾年的夏天，日子總是很長，太陽也永遠大大的，我和姊姊坐在廚房一邊貪吃，一邊聽爺爺講過去的故事、過去的人。講到興處，他還會自己小酌兩杯，每到微醺，嘴裡便開始念叨著李白的詩句：「古來聖賢皆寂寞，惟有飲者留其名。」於是這股瀟灑的勁很早就在我的心裡種下了種子。

爺爺退休前在體制單位中任職，全部職業生涯都是靠自己寫文章的能力獲得機會，沒有倚仗任何的人情世故，他的朋友曾給他寫過一幅字來評價他的一生：平生只為琴棋樂，無日不為書畫忙。

小時候，爺爺從不會因為我們寫不完作業、考試成績不好，而責罵我們。還記得有一次我偷偷躲在房間看青春小說，那本書的名字是《畢業那天我們一起失戀》。爺爺走進房間的時候，我正看得

津津有味，發現他在的時候，我嚇了一跳，正慌張地想要把書收起來，卻見他只是翻了翻書名笑著說：「怎麼這麼快就已經到了可以看這些書的年紀啦？」他沒有把書收走，也沒有批評我過於早熟，只是默默地把書放了回去，摸摸我的頭說：「看書要注意保護眼睛。」

上中學時，我曾用「之乎者也」的風格寫了篇文言文作文，現在回看，用詞、句式都稚嫩到讓人發笑，但當時爺爺讀過之後笑得特別開心，鼓勵我說：「真棒啊，比我寫得好。」這句話，我一直記到了今天。

在爺爺的認知裡，留給孩子的，永遠不應該是貶低和打壓，只要沒有偏離正常的人生軌道，就可以擁有無限的自我空間去選擇和成長。

二〇二一年二月，爺爺去世了。他離開之後，家人在他退休前的單位找到了他的文件，裡面有他參加工作以來在不同階段寫下的心路歷程。我花了

好多天時間一張張認真看完才發現，其實爺爺年輕時書法並沒有多好，是因為他年復一年的堅持，從二十歲寫到六十歲，才寫出了一手好字。從前，他也不會拉二胡，剛開始學習的時候磕磕絆絆，但也正是因為一天天把自己關在廚房練習，才能把《賽馬》拉出悠長的神韻。

他是一個從來沒有停止過努力和奔跑的人。

爺爺小時候家裡很窮，兄弟姊妹很多，每天放學後，他都需要回家放牛、種地，幾乎沒有屬於自己的童年生活。但爺爺的學習成績很好，初中畢業時以當地第一名的成績考上了內蒙古的通遼一中。高二那年，爺爺的爸爸將他從學校接回了家，為了弟弟妹妹的生活，爺爺需要終止學業外出打工。回家的路上，爺爺一邊走一邊哭，只有他知道自己有多麼想讀大學，也只有他最清楚自己的能力其實可以考上一所不錯的大學。他在自述裡寫道：「父親把我接回家時，那條路顯得格外漫長。我內心深處很痛苦，因為考上大學是我一直以來的期待和願

望，如果就這樣回家了，我大概這輩子都不會有念
大學的機會了。」

很遺憾，現實裡的故事沒有小說精彩，放棄求
學回家種地的爺爺，並沒有遇上什麼奇蹟和轉機。
他確實這一輩子都沒能念成大學。

但也不遺憾，雖然生活沒有對他心軟，卻給了
他更堅定的意志和不可動搖的信念。即使回家放牛
種地，也沒有阻止他對讀書的熱愛，後來，爺爺自
學考上成人大學，憑藉出色的寫文章能力找到可以
養活自己的文書工作。

從我有記憶開始，爺爺家裡的書架上永遠擺滿
了書，很多都已經被翻得很破舊。他一直在用另一
種方式彌補自己的「未完成事件」——「吾將上下
而求索」，大抵就是這個意思吧。

發現爺爺罹患「腦梗塞」那天，他正在和奶奶
一起和麵包餃子。突然，他把所有的餡兒都扣在了

一大坨麵上，然後拚命和起來。奶奶大呼：「你怎麼回事？」去醫院檢查，爺爺的腦袋已經出現問題了。從那天開始，爺爺變得愈來愈沉默，每天坐在家裡望向窗外，什麼也做不了，什麼也說不了。每次回家，他都會衝我笑笑，卻再也沒有任何交流。

我後來想，那段時間的爺爺一定特別孤獨寂寞，他從一個那麼瀟灑努力的人，變得沒有辦法思考，也不再帶有任何的情緒，一定特別痛苦。每每想到這些，我的內心也會覺得非常遺憾，在他尚且健康的時候，我沒能真正地理解他到底是怎麼看待這個世界的，沒有更多地去了解他的價值觀和人生觀，沒能以一個成年人的心態坐下來和他聊聊天。

爺爺過世後，我在他的遺物中翻到了他年輕時寫的詩集，上面除了載有很多生活情感紀事，還有不少詩詞，描繪著一段段爺爺的歷史。我很後悔和遺憾，在自己擁有獨立思考的能力後，沒有和他交流探討過這些有意義的過去。

如果時間能夠重來，我很想把現在寫下的這些

文字念給他聽，問問他，我寫得好不好，有沒有需要改正的地方，怎麼改正會更好。想告訴他，在他的影響下，我也很喜歡李白，我還追隨李白的足跡去了很多山川大河，攀爬他吟詩的黃山，登上他讚頌的廬山，把足跡留在他去過的天姥山古道……這些故事我好想說給爺爺聽，但我永遠沒有這樣的機會了。

　　我也很想告訴他：「爺爺，謝謝你給了我自由的童年，那是我最快樂的時光。現在，我正在做自己喜歡的事，正在努力成為想成為的人。就像你一樣。」

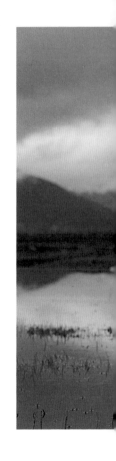

總會遇見心軟的神

　　看過一場姜思達和春夏的對談，是關於生活、關於自己、關於美的交流和對話。訪談快到尾聲的時候，拋出了這樣一個問題：你討厭這個世界的什麼？春夏的答案是：「我幾乎討厭這個世界的大部分，但一定有小部分的東西留住你。」一瞬間有被觸動到。觸摸過生活的痕跡，見過生活中經歷風雨的一張臉，我們就會明白：人生在世，不如意事十之八九，但即使總難免一地雞毛的瑣碎，也一定會有那麼一些瞬間讓你感受到善意，願意去相信「人間值得」。

　　正所謂「你是什麼樣的，這個世界就是什麼樣

的」。這是一句聽起來不能再「雞湯」的話。但仔細回想這幾年的經歷，我發現似乎都在呼應著這個道理。

二〇二一年年中外出拍攝，取景地是一片荒涼的沙漠，四下無人。在我們行車的過程中，司機突然發現不遠處有一輛車陷進了沙地無法啟動。當時我們的拍攝週期非常緊，在此之前一直是緊張趕路的狀態，生怕耽誤行程。但我們的司機還是選擇把車停在路邊趕過去幫忙，他和我說：「荒郊野外，看到還是要幫一把的，不然他們自己沒有辦法。」

更巧的是，就在拍攝完成原路返回的時候，我們的車也陷在了沙地裡，嘗試多次始終無法拖出。我們焦急地站在路邊，等了很久才等到一輛越野車經過。

招手攔車呼救，從車上下來的是三個體型壯碩的大哥，第一眼看上去有些不太好接近的樣子。沒想到，聽完我們描述的困境，三位大哥非常熱心地回到車裡取出拖鉤，開動自己的車子把我們拖了出

來。情急之下，手邊沒有任何物品可以表達感謝，原本還想著加個微信發個紅包或者寄些禮物聊表心意，大哥們卻瀟灑地擺了擺手：「不用客氣。」

那一瞬間有一種非常強烈的感覺：這個世界會有心軟的神，善意真的會在無形中流淌傳遞。或許我們在給予別人幫助的時候從未渴望過回報，但這份溫暖和善意同樣會在一個特定的時間點回到你的身上。

還有一件事發生在大學剛畢業的時候。所有的行李物品都已經提前打包快遞到了彼時租住的房子裡，我拉著一只笨重的行李箱裝著最後的一些家當去趕地鐵。不斷換乘，不斷上下樓梯，我拖曳著箱子不斷在人流中穿行，每一步都很吃力。雖然內心會有小小的渴望，但從未真正期待一定會有人施以援手。剛剛離開校園進入社會，一股「成年人的世界，一切要靠自己」的氣息撲面而來。突然，有一個很漂亮的女生走到我身邊，低下身子一把幫我把

箱子提了起來，朝前走。直到前面就是月臺，她才鬆開手，並和我說了唯一的一句話：「想到我以前了。」

這麼多年過去了，那個女孩的樣子早已經模糊了，或許當時也並沒有看得很清楚，但我始終記得她是中長的捲髮，穿著白色的套裝和高跟鞋，以及她說的那句話。

我們總是會在某一個瞬間，感受到來自生活、來自身邊陌生人滾燙的溫暖。他們沒有多特殊的動機和目的，卻會種下一顆小小的種子，讓我們在最艱難的時刻不會想到放棄，不會想到放手，願意再傾注自己全部的心力，選擇再次相信這個世界，哪怕只有一次。

他們會讓我們見識到這個世界的好，讓我們在遇到惡的時候心底不再只有沮喪、失望和沉默，而是在心底告訴自己哪些是不能做的事、哪些是不能走的路。

總有一天，我們也會變成像他們一樣的大人。

把自己變成方法

Part 5

你就是
自己的答案

永遠不要停留在原地

很長一段時間裡，電視臺的日子是光鮮亮麗、穩定和體面的，也是一個溫暖的舒適圈。大多數時候，做好導演安排的工作即可，每天白天工作，晚上有大把時間屬於自己。這樣的日子持續了一段時間後，我開始思考，自己還有那麼多未盡的火花和光亮，是否可以去到更遠的地方？

說到底，每個人對於工作飽和度的要求是不一樣的，對自己精力的分配程度也是不一樣的。當時，我只覺得自己精力充沛，能量還沒有得到完全的發掘，還想去征服更大的江湖，經歷更多的挑戰。於是，二〇一八年，我選擇離開電視臺，帶著自己僅

有的一點積蓄，去做旅行自媒體。

　　很多人問過我離開的原因，我的答案是：「我想要的，是和大多數人不一樣的人生。」在某種程度上這也意味著，我要去經歷更多不一樣的關卡，而通過關卡從來不依靠以逸待勞，它需要乘風破浪和披荊斬棘。

　　剛開始做旅行博主時，為了快速上手這個行業，我一個月用逐幀拉片的方式看完了三百一十四支旅行影片，給十二家風景區打電話介紹推銷自己，得到的回答毫無例外都是拒絕。在旅行的路上，並非只有如夢的遠方和如詩的浪漫。西藏很高，麗江風勁，喀什路遠，最窮的時候為了省錢，好幾個月裡，我們的交通工具都是綠皮火車——硬座。在無數個顛簸的鐵軌上失眠，在沙塵暴彌漫的沙漠裡迷路，在高海拔的高原山頂上缺氧。頂過風雪，爬過泥地，通宵剪輯，全年無休。很多個疲憊的夜晚，當那個「要不要放棄」的聲音再次陡然跑出時，我總會聽見自己內心在說：「如果用一生追夢是任性，

那我願意做一個任性的女孩。」

你問我，這樣選擇怕過嗎？怕。

我也曾惶恐自己是否會輸得一敗塗地，但人生不就該是由一場場充滿未知的華麗冒險組成的嗎？江湖地位，不就是經歷過失敗後，靠一場場漂亮的翻身戰贏得的嗎？

你問我，做一個永遠奔跑的人會累嗎？累。

但這個世界上，有人想當安穩體面的普通人，就有人把征服一座座陌生山峰當己任。想要享受自由切換角色恣意掌控人生，就要承受多重身分帶來的挑戰和壓力。**世界很公平，想擁有更多選擇的權利，那就交出一個比別人更自律的青春，來換誰也偷不走的閱歷。**

十六歲，我說要走遍世界，有人笑我狂妄。但就在畢業後的兩千一百九十天裡，我走過了中國兩百三十多個城市。十年後，我用實際行動給了那些曾經笑話過我的人回答。

二十六歲，我說要用餘生做一個追風的女孩。

社會固有成見對此議論道：「都二十六歲了，還沒房、沒車、沒存款」，但那又怎麼樣？想要攻城掠地拓寬自己人生的疆土，本就是需要代價的。

站在玉龍雪山的頂峰時，寒冷讓人清醒，氧氣讓人貪婪，胸腔卻劇烈地跳動著。我想，不管是海拔四千六百八十米的高山，還是路程三千六百八十公里的沙漠，總是需要孤獨的旅人去抵達那裡，虔誠地仰望著雲開。當雪山露出來的那一刻，當被整個星空照耀的那一刻，我想告訴全世界——人生苦短，要勇敢，要值得；江湖路遠，我的劍雖不鋒利，但願意隨時與君一會。

我認識一個名叫栗栗的女孩，她是加州大學洛杉磯分校表演系錄取的第一個中國女生。幾年前，她辭去國內穩定的工作，在社會默認為應該成家做媽媽的年紀，獨自一人提著笨重的行李箱跑去了好萊塢。

化妝、梳頭、做造型，再洗掉，就是她每天的

生活。和她的頭髮一樣禁得起折騰的，還有她從未放棄的演員夢。

她曾對我說：「這個世界對女生有很多標準，要乖，要安穩，要早點嫁人，可到底有沒有人在乎我想過什麼樣的生活？」我知道，對於我和栗栗這樣的女孩來說，我們想要的生活，不是每天化多美的妝容、穿多漂亮的衣服，而是始終向前奔跑，只要不停留在原地就好。

我一直覺得，自己二十九年來的人生幾乎是沒有喘息的，直到最近一段時間才開始刻意增加生活的比例。在這個過程中，我也會不斷反思和總結，其實每個人都有屬於自己的價值排序，無關對錯。比如工作帶給我的價值感、快樂感和興奮感是別的物品無法替代的，這種收穫和滿足是贏得一盤遊戲、住到一間豪華酒店，或者買下一個昂貴包包，都無法實現的。在工作中，我會有一種沉浸感，著迷於自己能透過不停的努力奮鬥去獲得相應成績這件事本身。

往前走，一定需要準備得萬無一失嗎？

不是的，千萬別這樣想問題。

因為這個世界上根本就沒有萬全的準備。

　　而這些，和不斷嘗試打破舒適圈也有很大的關係。

　　為什麼不想停留在原地？走出舒適圈的原因和理由是什麼？是覺得自己太平穩了，還是覺得當下的舒適圈其實並不舒適？如果有一天，這個舒適的環境突然消失了，有沒有抵抗風險的能力？如果已經具備，那這些能力究竟可以抵抗多久？

　　跨行去電視臺面試，需要具備主持的能力；做自媒體，需要有輸出內容的能力；做影片博主，還要有拍攝和剪輯的能力。每前行一步，我都會問自己，這些能力我是

否已經具備？我和自己的目標之間究竟還有多大的差距，這些差距又是由什麼造成的？是技術、人脈、平臺或是其他？

往前走，一定需要準備得萬無一失嗎？

不是的，千萬別這樣想問題。因為這個世界上根本就沒有萬全的準備。

無論是誰，都沒有辦法等到時機完全成熟的那一刻。因為在運行的過程中，一切瞬息萬變，完全成熟的時機永遠存在於最後的復盤和總結。選擇做旅行自媒體的時候，或許在別人的眼中我已經做好了所有的準備，其實不過是整合了彼時的能力和手裡所有資源，覺得是時候放手一試了；不過是在我準備好的同時，短影片的風口給了我舞臺和被看見的機會。

走到今天，依然會面臨來自外界和自己內心深處的叩問：如果有一天，短影片的平臺不復存在，自己該去哪裡？該做什麼？伴隨著這樣的疑問而來的，除了焦慮，還有上面一直在提的舒適圈困惑。假如現在你問我，是選擇走出舒適圈還是就待在自己安全的

領域？我會告訴你，我的答案是擴大自己舒適圈的邊界。

　　舒適圈不是錯誤本身，也不是避之不及的「不上進」的代名詞。它是我們透過不斷的試錯，發現自己擅長的可以發揮和放大優勢的領域。既不能故步自封，也不該隨意丟棄。就像那句經典的話說的一樣，人不可能賺到自己認知以外的錢，但我們可以選擇擴大自己認知的邊界。

　　回到帶來焦慮的問題本身，只要我們始終牢記：無論短影片發展得如何，它的本質還是以內容為核心。作為一名創作者，浪潮周而復始，平臺更迭變換，就像曾經短影片誕生之前，我們依舊會有紙媒、廣播、電視。只要你一直具備輸出優質內容的能力，不和這個時代的大勢對抗，你的內容就會永遠包含生命和價值。不能做掀起時代浪潮的那個人，那就做跟緊時代浪潮的那一朵浪花。

　　讓自己的內容在保留本質的前提下，不斷去調整和適應時代的巨變，永遠不放棄學習、思考和奔

跑，就是一個內容創作者的本分和天職。
「內容為王」在任何時代都沒有變過，變化
的只是承載內容的載體。

當我們對一件事情的本質有了清晰的
認知和了解時，就會發現解決問題的思路
和方向，也不會有看不清弄不懂的焦慮和迷
茫。人生沒有捷徑可走，每往前一步都至關
重要。我們不能僅憑一時的結果來判斷一件
事情的好壞，所謂的正確答案也不是靠僥倖
的一蹴而就來獲得。僥倖成功的人生，地基
是不牢固的。

**逃避不是方法，時間也不是解藥，向
前奔跑的姿勢更接近答案。**

你要去看看這世界

　　在鍵盤上敲下這段文字的時候，我正在雲南騰沖和順古鎮的一間小小的民宿裡。晚霞快要落盡的間隙，我赤著腳踩著瓦片，坐到了民宿的房頂上。

　　整個古鎮就在我眼前，太陽彷彿被雲偷走了，房屋的燈一盞一盞亮起來。耳機裡林宥嘉的聲音淡淡地闖進來：

　　閉上眼看　最後那顆夕陽

　　美得像一個遺憾

　　輝煌哀傷　青春兵荒馬亂

　　我們潦草地離散

　　燈光旁的那條河邊小路，我已經連著來回走了好幾天。每天晚上八點左右，總會有一群穿著校服的古城中學生從這兒經過，從他們斷斷續續的談話裡，我能聽到一些零碎卻又可以拼湊出一幅藍圖的關鍵字：「志願」、「一本」、「那道試題」、「考完試你最想去哪裡」、「要去哪座城市讀大學」……

　　有幾次我和小陳背著拍攝器材跟他們擦肩而過的時候，也收到了一些來自這些年輕人打量的目光。時光倏忽而過，我發現那些目光是那麼熟悉，除了疑惑還帶著些許未知：「她是誰？她在做什麼工作？當我像她這麼大的時候，我會過著怎樣的生活？」

　　這會讓我想起走進大學校園的第一堂課，老師也問過彼時只有十八歲的我們：「四年後，你想成為一個什麼樣的人？」當時，我不假思索地回答：「成功的人。」「什麼是成功？」「成功是能出名，被崇拜，是敢於去選擇自己想要的生活。」如今看來，這個答案是稚嫩的，是充滿野心的，但也是不乏真誠的。

十年後的今天，當我再一次把這個問題拋向此時此刻的自己，聆聽著年輕的討論聲，看看已經走了這麼遠的自己，我想更新我的答案──成功，是敢於去看看整個世界。其實這個答案，也是在一次次實踐的驗證和時間的沉澱中得出的。

大學畢業那年，我登上了北京衛視《我是演說家》的舞臺，和大家分享屬於自己的畢業感受。當時我說，對於畢業，有人會表達自己的傷心：「畢業季最讓我傷感的，是我將大學四年所有的課本論斤賣給收廢紙的大叔時，它們還是嶄新

的。」有人遺憾大學四年從未談過一場戀愛：「其實每個學期，我都會抱著期待的心情去各個社團搞聯誼，但結果⋯⋯暗戀我的人總是特別能沉住氣。」

但更多的，其實是對未來的迷茫。大學畢業照上，那一張張年輕的面孔都面臨著同一個問題：「未來的路應該怎麼走？」是回家鄉過穩定的生活，還是前往大城市選擇漂泊？是為了戀人抵達他的城市，還是天各一方各自珍重？是追求夢想去做自己喜歡的事，還是順從父母的意願與安排？

我一直覺得，我們這代人是被快速發展的環境挾持著長大的。與我們的父輩、祖輩不同，他們的成長環境決定了他們對規則和穩定抱有敬重和崇拜，但我們更在乎自己價值的實現，不想過重複的生活。

所以畢業後，我義無反顧地選擇留在大城市，做一個一無所有的奮鬥者。那時我的夢想裡沒有房子、車子。我告訴自己：「人生只有一次，我要去做自己最想做的事！」

　　這兩天，聽著古城裡十八歲的年輕人討論著自己的未來，我再次想起了這句話：「人生只有一次，要去做自己最想做的事，要盡可能地多去看看這個世界。」

　　在與世界相遇的過程中，你一定能收穫很多美景，當然也包括你自己。

　　二〇一八年十一月，在看了六遍《春光乍洩》之後，我決定出發去找一座水晶燈塔。電影中，張宛最後抵達了阿根廷世界盡頭的那座燈塔，只是我還沒有攢夠去阿根廷的機票錢，便選擇到一個叫花鳥島的地方，尋找屬於我的燈塔。位於浙江省舟山市嵊泗列島最北面的花鳥島，有藍白相間的房子，有大搖大擺走進餐廳的鴿子，燈塔位於島的最北邊，上面有一面巨大的水晶凸透鏡，在陽光下泛著七彩的光。太陽落山，燈塔準時點亮。守塔人告訴我：「燈塔信號就好像一串摩斯密碼，它閃爍著可以照射二十四海里[1]的綠光，守衛在黑夜的海上。」

　　二〇一九年五月，我約上志同道合的朋友在江西集合，決定夜爬武功山，一起迎接第二天的日出。驟雨初歇，步道進山，一路掠過萬家燈火，經歷寒冷迷霧，抵擋一陣又一陣的疲倦，直到黑暗裡再次出現光，直到山谷的夜被月色點亮。那天清晨五點二十五分，登上山頂的我，終於看清武功山在新的一天裡新的模樣，拂曉的光刺透翻湧的雲海，氤氳的日出裡，所有的跋山涉水都值得。

　　我一直很喜歡周杰倫的〈可愛女人〉，旅行路上，我也在想有沒有一個地方，可以用這首歌名來形容。直到我找到了新疆禾木村──神的自留地。在那裡，我看到了二〇一九年的第一場雪，大雪落滿了白樺林的枝椏，流雲縹緲裡，世界是可以一夜白頭的童話。山間一幢幢低矮的小木屋，冒出了炊煙，那是圖瓦人的村落，他們是成吉思汗的後裔，是草原上的牧馬人，也是大雪紛飛時駕車穿梭在森林裡的精靈。女孩們跳著舞歡慶，為我們端來自己

家煮的熱奶茶。那裡的雪，是閃著光的。因為追著雪，所以遇見山；因為看見光，就勇敢地做了夢。

在我的夢裡，還有六月的蘇梅島，我坐著遊艇去海邊追晚霞；七月的仙居，我在山上撿拾飽滿鮮甜的楊梅；九月的青城山，空山新雨後，靜坐聽蟬鳴。

當然，路途中總會遇到很多的坎坷和阻礙，也許悲觀者會在此時發言：「萬般皆是命。」但我想說的是：「我命由我不由天。」

我相信，你是怎樣的，這個世界就是怎樣的。別人的人生經驗、路途上的洪水猛獸，都不應該成為你的阻礙，不應該定義你的人生。

你的人生，由你的天地決定，而天地壯闊，值得用奔跑的姿勢相迎。

---

¹ 海里：計量海洋上距離的長度單位，一海里＝ 1.9 公里。

沒有人可以替
別人的人生做決定

「我很迷茫，究竟應該怎麼選才是對的？」這幾乎成了近幾年來身邊認識的所有名人朋友，被問到的來自年輕人的頻率最高的一個問題。是的，我也收到過很多類似的私訊：「我失戀了，沒有他我不知道自己該怎麼辦。」「我在上海待了五年，你覺得我是該繼續留下來，還是選擇回老家工作？」「畢業在即，我到底應該選擇大城市的一張床，還是小城市的一套房？」其實，面對如此需要宏大決策且個性化為主導的困惑，很多時候大家並不知道該如何給出一個合適的答案。

如果這些問題真的可以找到一個準確答案，就

不會在這麼多年裡牽絆著這麼多人為它苦惱，早就已經解決了。

這些問題就像我們每個人的人生一樣，千差萬別，從來就不是流水線的統一規格，又怎麼能祈求有一套標準化的答案？那些其他人看似有參考價值的元素，都會在自己的實際經歷中被各種各樣的因素影響，最終走向完全不同的結局。

沒有人可以替別人的人生做決定。

以前，我總覺得，假如有人因為我表達的一些觀點或嘗試的一些事情而獲得溫暖和能量，從而找到自己的方向，於我而言同樣有滿滿的幸福感。但近幾年，我好像開始變得愈來愈膽小，開始反思和害怕，怕自己會給別人帶來影響，不知道對於他的人生來說，這份影響究竟是對的還是錯的，就像不再敢輕易地給別人建議和意見一樣。畢竟我的選擇都來源於我的成長經驗和思考方式，是一件很個人化的事，且隨著自身的成長，也會不斷地進行自我

更新甚至自我推翻。

　　六年前，站在《我是演說家》舞臺上演講的我，多少會給人一種少年熱血、年少輕狂的感覺。那時，我說自己：「就是不要去過那種朝九晚五的生活，不想做一個體面的普通人，於是我選擇了另外一條路。」說出這些話的時候，我是真誠且篤定的。當時的我認為自己選擇的路是明確的、勇敢的，而大多數人選擇留在家鄉的舒適圈，走一條安逸舒服的路，是不勇敢甚至迷茫的。可我之前的這份認知一定是對的嗎？一定是適用於所有人的嗎？今天回望，並不盡然。

　　無論選擇哪一條路，都是在為自己的人生畫一張愈來愈清晰的畫。選擇沒有高低之分，只有立場的不同。留在小城市並不意味著只是逃避和不勇敢，而是在某種程度上對自己有更清晰的認知，更懂得捨棄，也更知道自己要的是什麼。**我們不能拿統一的尺規來衡量每一個人心中對事物的排序，和對這個世界的定義。**

還記得那個被全世界喜愛的《哈利波特》嗎？四個學院裡，葛萊分多學院培養勇士，史萊哲林學院強調野心，雷文克勞學院偏愛智慧，還有一個赫夫帕夫學院不出眾、不起眼到永遠被忽略。原來，即使是在魔法世界，在聰明、勇敢、野心的面前，僅僅選擇做一個善良的好人也會顯得過於天真，但直到長大，我們才會懂得什麼叫做選擇的自由，體會到善良和溫柔的強大。人生真的有很多種追求，沒有對錯，也不分高下。就像有人把人生當賽場，就一定也會有人把它當成遊樂場。

如果我是前者，那我爸就是典型的後者。他的人生幾乎從未被焦慮和緊迫包圍過，於他而言，快樂是人生的注腳和定義。我並不是說他沒有生活壓力和養育子女的責任，而是他在生存之外，還給自己留了更多關於生活的空間，那些看起來沒有現實功用的愛好，在他眼裡也從不是浪費時間。

是的，「浪費」這個詞其實很可怕。因為一旦出現，就意味著我們已經明確了自己的立場。那些

無論選擇哪一條路，

都是在為自己的人生畫一張愈來愈清晰的畫。

選擇沒有高低之分，只有立場的不同。

不按我們的標準走的人，就要被冠以不求上進、揮霍生命的認知嗎？我反而覺得，當我們把另一種生活狀態投射到自己身上的時候，反而會放大自己的矛盾與焦慮。

換一個思路去想，雖然我可能注定過不了我爸這樣的生活，但他的狀態確實很討人喜歡，也讓我和家人的生活有了更大的空間和選擇權。

「我很迷茫，究竟應該怎麼選才是對的？」如果此時此刻的我，一定要替五年前、十年前的自己來回答這個問題，很抱歉，我真的沒有標準答案，但可以提供一個解題思路：

1. 多花一些時間和精力去進行自我分析和自我思考。

2. 在真正走入社會之前，多去試錯，在不知道自己要什麼之前，可以先知道自己不要什麼。

3. 不輕易評判別人的喜好和選擇。

4. 永遠不要替別人的人生做決定。

去過動態平衡的人生

「如何才能把人生掌握在自己手裡？」相信每個人內心都曾縈繞過這個問題。

沒有人願意自己的人生是失控的，但我一直相信，比起那麼用力甚至是極致地想要去掌控些什麼，更重要的是學著接納人生裡的每次潮水起伏，過動態平衡的自洽人生。

動態平衡，意味著能與張力共存。

舉個例子，愈來愈多的年輕人選擇做旅行博主，入行的動機和初心是打卡山川湖海的美景，可等到它真正成為自己的職業時，才發現怎麼會這麼苦、這麼累，完全沒有時間去享受。「那些影片博

主呈現出的美好和浪漫，根本就是騙人的，這，不是我要的。」

會有這樣的想法一點都不奇怪。說到底，其實從一開始，你就沒能真正了解旅行博主的日常和需要承擔的工作內容到底是什麼。工作不是興趣愛好，無論你選擇從事什麼職業，在進入行業之前，都需要花足夠的時間和精力去做能力範圍內最全面的資料整理。決定從電視臺辭職之前，我大概做了以下準備工作：上網搜尋旅行博主日常的工作狀態，橫向比較不同粉絲量的博主會用什麼樣的節奏、方式、風格去產出自己的內容。他們是全職還是兼職？拍攝和剪輯的週期和技術要求有多高？收入情況如何？

這是一個資訊共享和開放的時代，只要用心，每一行背後賺錢的邏輯、成功的訣竅，都是能夠找到脈絡和線索的。在很多的細枝末節中，大家可以自行去摸索出一個框架──如果是我去從事這個行業，需要面對一些怎樣的挑戰，又能夠達到怎樣的

一個層次？我該從哪裡入手和起步去梳理這個行業的運行規則和底層邏輯？是否可以選擇從一些基礎性的輔助工作入手？需要多久才可以對接到工作的核心內容，觸及更多業界前輩和同行？究竟該如何做才能對自己今後的發展有所助益，而不是一味地做著重複的事情，獲得重複的結果？

做旅行博主以來，我也常常會問自己：「我到底是一個什麼樣的旅行博主？在這個行業裡面，評價『好』的標準和體系是什麼？」

我並不諱言，做自媒體，除了個人喜好，商業變現也是一個很重要的衡量部分。因為一個博主想要持續發展下去，維持自己的生活，不斷產出優質的內容，必須要有經濟來源的支持。只有先把飯吃飽了，才能夠去想如何帶來更多的創作，才能夠形成一個良性迴圈的環境——做好內容，用優質內容獲得更多喜歡，獲得客戶的青睞，創造更好的商業價值，然後在這個過程中，成為更好的自己，創造更大的價值。

這套邏輯可作為每一個成年人的社會生存法則。有時候,直路和彎道並沒有那麼涇渭分明。

讓外界的動態和自己內心的平衡和平相處,是件很重要的事。

現在,每當有人感慨「房琪的旅行很美好」時,我總會告訴自己,這背後必然是有很多辛苦和不美好相伴相生的,我必須不斷去接受這些不那麼光鮮亮麗的存在,才不至於陷入長久的困惑和不安。

也有人說:「房琪,你發出來的影片永遠都是美景,後面那些瑣碎、辛苦的事情,為什麼從來不讓

我們看到？」

　　這是因為我始終相信每個創作者都要有自己的角色定位，需要想清楚自始至終要創造的是什麼，要傳達給大眾的是什麼。我希望是好的狀態，讓大家對這個世界產生嚮往，還是旅行背後的過程、辛苦和注意事項？沒有對錯和高下之別，只是不同的賽道和定位選擇。就像我們看世界的眼光，從來也都是動態平衡的。同一處風景，晴天暖陽和烏雲密布，我們的心境和感受會截然相反。這中間的波動徘徊，是太多因素的共同作用——心情、季節、月份、天氣、時機等。

　　既然選擇了傳遞美，那為了等待美的出現多付出的那些時間和耐心，就都是值得的。很多美景只留存於瞬間，需要有人去把它們記錄下來，讓它們被更多人看到，被永久保存。我想，我就是去做這件事情的人，這是我工作的使命。

　　除此之外，則是用動態平衡去接納每一次工作

的結果。

對於我而言，在社交平臺上發布的每一件作品，都需要去接受來自觀眾的批評和誇讚，這是我工作中必然要經歷的一部分，也是所有工作都會遇到的問題。

比如，今天你作為一個文案策畫人員，就要做好作品可能被主管否定的準備；今天你的角色是一個影片博主，就要做好內容不被人喜歡的準備。不被喜歡並不等於要去接納那些無謂的人身攻擊，或是人格尊嚴上的謾罵與否定，而是認真去聆聽那些實事求是的告誡和指正。今天他們之所以指出你的不夠好，也是為了讓明天的你變得更好。

在很多被誤解、被汙蔑、被討厭的時候，我都會打起精神來反覆告誡自己：作為一個成年人，我需要擁有承受誇讚和批評的能力，認清工作的本質是什麼。從某種程度上講，工作就是在用金錢購買你的情緒、勞動力，以及時間。成年人的世界，不會圍著一個人轉，你開心也好，難過也罷，很有可

能最終什麼都無法改變。

這也就決定了很多時候我們必須擺正自己的心態，用更加樂觀和開朗的心情去迎接來自世界的每股風浪。尤其對於剛走出校園的同學們來說，擁有這份心態，能夠讓你活得更舒服，也更理智。

畢業至今，我最大的收穫就是發現這個世界並不是非黑即白的，這也是為什麼我們要追求動態中的平衡。

很多人會說，你不要做端水大師，但人生很多時候就是端水的過程啊！如果只追求極端，把水全灑了，把碗摔了，真的就是我們想要的結果嗎？有時候我們可能會感性脆弱，有時候又心懷壯志豪情，這沒有錯，但也需要用更聰明的方式，去學會如何保護和實現自己的壯志豪情。

我的方法是，先有一些底氣，有一些經濟基礎，才能夠讓你的豪情發揮得不那麼野蠻。它能夠一飛衝天，也能夠溫柔落地。人生前半場，辛苦地低頭付出，後半場昂首挺胸。

　　我希望創造出好的內容，但是我的影片有時候也需要置入行銷。我需要做的，就是盡最大的真誠與客戶進行溝通，表達自己的設計理念和創作方向。如果沒有一些自己的底氣和基礎，很有可能就沒有辦法在溝通中堅持自己的初衷，不得不低頭。當生活中充滿了太多的被迫和妥協時，人是很難感受到幸福的。

　　所以，我真誠地希望大家都能夠去打造自己小小的鎧甲，那是保護你自我和夢想的能力，當你真的覺得自己不可以、不開心的時候，也有資格和底氣向對方說一句：「對不起，我不願意。」

別怕，會有光

　　大學畢業後，因為「象牙塔」和「角鬥場」之間存在的天然鴻溝，我也曾被選擇奮鬥奔跑帶來的「失控感」所挾持。

　　那是一段在失控邊緣徘徊的日子。

　　那時候，手機不敢開響鈴，看著大段的工作語音會莫名暴躁，好像自己被微信綁架了一般。當強烈的疲憊感襲來時，人會突然喪失情緒管理的能力，會和最親近的人發脾氣，冷靜下來又開始懊惱、後悔自己的言語和行為，整個人彷彿走進了一個死胡同，怎麼繞都繞不出來。

　　但如今回看過往，我會很感激曾有過那樣一段

稍顯幽黑灰暗的時光。選擇咬牙挨過那一段痛苦且著力奮鬥的日子，是值得為自己驕傲的。因為只有從那些最壞的情緒炮火中走出來，人才能變得更加堅硬、堅強。因為只有自己知道，一旦選擇停下來，再起跑只會變得更加艱難；自己想要的人生，需要奮鬥才能抵達。

不知道辭職考研的你，已經挑燈夜戰了多少個日夜？不知道工作兩年的你，是否有過深夜下班後站在路邊一兩個小時叫不到車回家的無措與無奈？不知道凌晨奔赴機場的你，上一次睡到自然醒是什麼時候？

我們之所以選擇這麼拚，之所以選擇與一次次的未知甚至失控相遇，無非是因為心裡還有夢，還有想要去抵達的遠方。不經歷那些崩潰、絕望、掙扎的黑暗，又怎麼可能會看到光？

很多人會問：「那束光又是什麼呢？這麼拚命努力，翻來覆去地折騰自己，到底是為了什麼？」

為了賺更多錢嗎？——是的。我們必須承認，

人一生中需要用錢來捍衛尊嚴的時刻太多了，至少物質會在很多個選擇時刻、危急時分，成為我們的底氣。

為了能買自己喜歡的東西嗎？——是的。欲望不該難以啟齒。我承認自己喜歡漂亮的衣服、包包，想要使用更好的護膚品、化妝品，高品質的寢具。我不被消費主義綁架，但我也需要有偶爾取悅自己的能力。

為了能更加被人尊重嗎？——是的。我想要被需要，想要自己的能力被認可，想要闖出自己的一片天地。

除此之外，我想要的還有很多很多，我還想透過奮鬥，給家人帶來更好的生活，在為父母花錢時，可以不再有諸多猶豫。

對努力最好的嘉獎，是能毫無畏懼地說：千金難買我樂意。

我還想透過奮鬥，去化解自己內心的不甘，不甘生活的真相就只是活著，不甘一生被寥寥數語匆匆帶過。這種不甘心不是追求奢華享受，更不是拜金，而是給自己選擇生活的機會和能力。

不要因為短暫的迷茫和辛苦，去唱衰理想和奮鬥的長久意義；不要因為短暫的深陷泥潭，而不敢再抬頭仰望高樓。每個人的一生中都會有那麼一段暗暗的隧道，或短或長，但別怕，只要你堅持往前方走去，前方總會有光。

如果可以，
我想陪你走遍山川湖海和春秋冬夏，
一日看盡雪月風花。

房琪經典文案

徐霞客說：「登黃山，天下無山。」

黃山若有靈，定是位名揚四海的仗劍少年。

西海大峽谷中，霧凇沆碭，行在瓊枝玉樹間，少年用一抹晶瑩，把人間變成了仙境。

光明頂之上，那噴薄而出的金烏，攪弄天地的雲海，是少年敢倚天而仗劍的豪情。

「誰說張無忌一戰成名的光明頂，就一定是在那崑崙墟。」

獅子峰頂，立著一隻石猴。它遠眺觀海，自有衝破這頭頂一線天的衝動。

世界斗轉星移，可少年睥睨天下的奇景，直叫人，大夢不醒。

當水墨畫卷從紙上醒過來，就成了眼前臨桂的模樣。

「想用卷軸困住臨桂的山水，怕是妄想。」

從卷中跳出的臨桂，不止墨色一種。

綠色做邊，大地被切割成七彩的玻璃田。紅色為線，竹筏穿行在會仙濕地的碧波間。

關於田園的所有執念，就都放在這裡好嗎？

臨桂會仙的粉荷，天真得像彼時兩小無嫌猜的你我。

石橋上，阿翁牽著水牛，在漫長的歲月裡一遍又一遍地走著。

這是一座很難被記錄的城。

畫筆描繪不出臨桂環城水系的綠意千丈，文字記錄不盡桂北民居的舊時光。

今天山水不在畫裡，山水在我眼裡。

 湖

這裡是賽里木湖，人們叫它「大西洋最後一滴眼淚」。

它總是有本事把一切都變得更美，比如這隻天鵝，這隻小羊，這片雲杉，甚至烏雲也能讓人陶醉。

當文字遇上了極致的美，就怎麼寫都不對。

我不再多說了，只希望你不要錯過和它的約會。

 海

十一月的某一天，我在空無一人的海邊，看了一場只屬於我的晚霞。

「五點五十九分，是我的海。」

那天我旅行到萬寧，沒提前訂酒店，裝上帳篷睡袋，就決定駕車環島。

我和自己說，今天不妨野一次。如果能找到一片很好看的海，我就住下來。

然後我就發現了萬寧的這片無人海灘。

這裡不是正東，也不是正西，但黃昏，卻好看得出奇。

我找了一個空曠的地方架了帳篷，點燃了幾根仙女棒。

晚上六點整，我坐在車頂，看著海平面吞下一顆太陽。六點十分，我又看到海平面呼出了一朵晚霞。

晚霞一點點散開連成一片，世界就從平庸邁進了絕色的行列。

人山人海是生存，翻山越海才是生活。

我想要活得野一點，只為征服自己，不為征服世界。

 春

你想去哪裡找春天？

穀雨時節，普寧空氣裡的味道都是青梅的酸甜。

趁芒種之前摘一筐青梅果子，泡一壺青梅茶吧。

許是潮汕平原的雲霧和雨水太溫柔，所以廣東普寧這座青梅之鄉，總是能把那一抹嬌滴滴的綠，留在枝頭。

晏幾道說：「拾蕊人稀紅漸少，葉底杏青梅小。」

晏幾道摘的青梅不大，但我摘的青梅卻飽滿多汁，還帶著酸甜的味道。

怪不得李清照倚門回首，卻把青梅嗅。

用潺潺的溪水配上軟枝大粒梅煮一壺茶，待到山花爛漫時，獨坐春山飲春茶。

所謂人間四月天，原來是一幅不用畫筆也能完成的畫。

你知不知道中國的秋天有多美？

在江西婺源，篁嶺古村的阿婆正把辣椒和皇菊攤在一起曬秋天。

抬頭有柿柿如意，低頭看稻穀飄香。收穫和吉祥，從來都是平凡人生裡最質樸的願望。

十月，行至江南沙家浜，此時已是秋風起，蟹腳癢。

荻花深處懶散垂釣，蟹膏佐以黃酒，可慰寂寥。

一路北上，行至黑龍江。

晴空蔚藍底色，搭配金黃蘆葦蕩。

塞北殘陽，秋意裡更似紅妝，一山松柏做伴娘。

群山綿綿，遼闊幅員，總是想為了那些遠方攢些銀錢。

帶上你的愛心去看春華秋實。

你來時，雖秋至，但暖陽拂面，眉上風止。

第二次看完《盜墓筆記》，我決定實現二〇二〇年的心願，出發前往長白山，尋找張起靈。

《山海經》記載，大荒之中那座被稱為不鹹的山脈，即是長白。

破曉而出，駛向那千年不凍的魔界。順著湍急的河水漂流，

在迷霧中，探尋青銅門的入口。

「從這場漫天大雪開始，尋找張起靈。」

抵達長白山山頂，天池已化身神靈的冰封王座。

瓊花漫天，狂風呼嘯，阻礙人類近身的天神，已豎起威嚴的長矛。

他們說，二〇一五年，身背黑金古刀的少年，沒有來赴十年之約。

但張起靈的行蹤又怎會讓你我發現？

二〇二一年，請你相信。

哪怕有再多人說這世上沒有青銅門，但我知道，一定有一個少年在替吳邪守護著天真。

海邊燈塔，七彩漁村，一條出現在大海中間的路。

整個夏天，想跟你環遊世界。現在，從福建東山島開始冒險。

「東山島有很多隱藏入口，就看你能不能識別暗號。」

當晚霞映出橘子海時就是暗號，萬家燈火亮起時你會懊惱，為什麼輕易愛上了南門灣的白天，原來更驚豔的是它的黑夜。

當魚骨沙洲退潮時就是暗號，海面像被某種神祕力量劈開，而我就站在大海的中間。

總要在夏天的海邊放肆奔跑吧，怕什麼陽光，怕什麼大笑，

怕什麼細紋爬上眼角。

帶上你的金色玫瑰去找小王子吧。東山島的燈塔在閃耀。

它說，相信童話的人，才不會變老。

 雪

什麼樣的地方，才配得上周杰倫的這首〈可愛女人〉，我終於找到了。

這裡是新疆禾木村。它的另外一個名字，叫「神的自留地」。

禾木的雪，染白我的髮，落滿白樺林的枝椏。

流雲飄渺中，世界是可以一夜白頭的童話。

冒著炊煙的木屋，是圖瓦族人的村落，他們是草原上的牧馬人，也是大雪紛飛時，穿梭在雪地裡的精靈。

在小木屋喝一碗他們煮的奶茶，看新疆姑娘舞蹈，再聽一曲冬不拉。

窗外大雪未停，但夕陽已西下。

因為追著雪，所以遇見山。因為看見光，就勇敢地做了夢。

別忘了答應過自己要去的那些地方。

你想到達的遠方，就是漂亮的、讓你臉紅的可愛女人。

 月

「紅塵太紛擾，唯有山間的清風明月，不需要討好。」

月滿中秋之前，我在西九華山中睜開眼。

風動漫山竹海，竹葉在瑟瑟聲裡搖曳成一支驚鴻舞蹈。

鐘鳴古刹廟高，香爐中一柱清香，就驅散了凡塵吵鬧。

帶你去看一幅山水畫卷，可好？

水墨畫上色之後，便成了龍津溪地，順著溪流走進這方竹林
深處的祕境，看瀑布停留又傾瀉，進退間掛出一階天梯。

傍晚炊煙裊裊，從畫卷回到人間，以竹筒為器，竹葉為裝點，
把香氣送到舌尖。

高山流水即是眷戀，那共飲一杯濁酒後，我們便只談風月，
不問從前。

大理的麥浪又吹起來了，它用起伏的波浪在告訴我，其實風
有形狀。

用手中的風箏，破開雲霧瀉下光。

春天啊，就是能給人無限遐想。

龍龕碼頭那些沒飛回西伯利亞的海鷗依然在，如果有夕陽，
洱海就會變成一片橘子海。

我說了這麼多，其實是想告訴你：

風花雪月的春天，不需要啤酒喝民謠來做標籤。你明不明白？

我在蒼山腳下，發現一片只屬於我的小森林，搭起天幕，架

起帳篷，晴天暖陽和雲霧雨水同樣驚喜。這就是大理。

在傍晚的森林獲得一點明亮，一天中這個時候最漂亮。

如果雲霧藏起了天上星，那就讓地上的燈火代替。

一壺熱茶配點心，一盞夜燈加書籍，這是我能想到的最不辜負春天的浪漫事情。

你問，難道漂泊才是旅行的意義？

我說，管它蒼山洱海還是月亮森林，讓我安心的地方，就是故鄉。

別眨眼，三、二、一。

如果想進西藏的願望，像星河般滾燙，那林芝，一定就是你的人間理想。

「一起來看桃花嗎？開在雪山下的這種。」

青藏高原板塊上，青稞地裡的粉紅色，是林芝唱的一首小情歌。

它撫慰雅魯藏布江的怒吼，破陣南迦巴瓦峰布下的迷藏，和索松村的那篇夭夭桃花一起，交織出讓人痴迷的遠方。

孜珠聖寺，邊陲崗巴，聖象天門，南迦巴瓦。

在二十八歲的年紀，我第七次走進西藏。

當我裝好行囊，以車轍為域，以車輪為疆，我的家，就已經在路上。

人生顧問 511

真希望你也喜歡自己

作者	房琪
責任編輯	龔橞甄
校對	劉素芬
美術設計	江麗姿

總編輯	龔橞甄
董事長	趙政岷
出版者	時報文化出版企業股份有限公司
	108019 臺北市和平西路三段二四〇號四樓
	發行專線　02-2306-6842
	讀者服務專線　0800-231-705・02-2304-7103
	讀者服務傳真　02-2304-6858
	郵撥 19344724　時報文化出版公司
	信箱 10899　臺北華江橋郵局第 99 信箱
時報悅讀網	www.readingtimes.com.tw
法律顧問	理律法律事務所陳長文律師、李念祖律師
印刷	華展印刷有限公司
初版一刷	2024 年 3 月 8 日
初版二刷	2024 年 5 月 9 日
定價	400 元

(缺頁或破損的書，請寄回更換)

時報文化出版公司成立於一九七五年，並於一九九九年股票上櫃公開發行，於二〇〇八年脫離中時集團非屬旺中，以「尊重智慧與創意的文化事業」為信念。

本書由天津磨鐵圖書有限公司出版，限在全球，除大陸地區發行。非經書面同意，不得以任何形式任意複製、轉載。

真希望你也喜歡自己 / 房琪著 . – 初版 . – 臺北市 : 時報文化出版企業股份有限公司 , 2024.03
面；　公分 . – (人生顧問 ; 511)

ISBN 978-626-374-893-4 (平裝)

1.CST: 人生哲學 2.CST: 自我肯定

191.9　　　　　　　　　　113000523

ISBN　978-626-374-893-4
Printed in Taiwan